AF704909

WWW.MENGENRECHNER.DE
UNSER KOSTENLOSER VERLAGSSERVICE
kcal

**Spannender Mehrwert:**
**der Mengenrechner für unsere Kochbücher**

+ Mengenangaben an Personenzahl anpassen
+ Einkaufszettel fürs Smartphone erstellen
+ Rezeptsuche nach Zutaten
+ Nährwertangaben zu allen Rezepten
+ präziser Kalorienverbrauchsrechner und persönlicher Diätplaner mit Tagesplänen
+ Favoritenliste und weitere Rezeptfilter

CHRISTIAN HENZE

# FEIERABEND-BLITZREZEPTE

## GÖNN DIR WAS!

**Food-Fotografie Hubertus Schüler**
Porträts Justyna Schwertner

mdr

BECKER JOEST VOLK VERLAG

Farfalle mit Salsiccia und Brokkoli

Juicy Los-Angeles-Club-Burger

Pesto-Bowl mit Burrata und gegrillter Wassermelone

Currywurst-Gönnung rot-weiß

Ofenkäse-Pasta mit Tomaten und Thymian

Schwarzwälder Knusperbrot mit Käsesauce

Röstzwiebel-Pflanzerl mit Speck und Senfsauce

Avocado-French-Toast mit Lachs und Meerrettich

Crème brûlée mit Orangenkaramell und Schokocrumble

# GÖNN DIR

# DAS VOLLE VERWÖHN-PROGRAMM
## zum Feierabend

Seit jeher ist es mir eine Herzensangelegenheit, Menschen mit den Kochrezepten in meinen Büchern mehr Freude, Lebensqualität und Zufriedenheit zu verschaffen.

Dabei habe ich bisher aber immer – neben der schnellen einfachen Zubereitung – auch ein wenig auf die schlanke Linie und Nährwertbilanzen geachtet.

In der vergangenen Zeit stelle ich bei Freunden wie auch bei uns zu Hause aber fest, dass es um uns herum so viel in den Medien gibt, was nachdenklich macht, dass es aktuell zum Tagesausklang einen Ausgleich braucht. Also ein kleines gelegentliches Festmahl, das uns mal wieder rundum glücklich und zufrieden machen kann – aber ohne viel Aufwand.

Deshalb lege ich in meinem neuen Buch „Feierabend-Blitzrezepte – Gönn dir was!" den Fokus auf den vollen Genuss: einfache Gerichte zum Niederknien und Dahinschmelzen.

Freue dich auf Essvergnügen pur! Ein paar Appetithäppchen? Bitte schön: Chicken-Sandwich mit karamellisierten Tomaten und Caesar-Mayo, Fischburger mit Bacon und Rucola-Mayo, Lachs Sashimi-Style mit Hummuscreme „umami", Süßkartoffel-Bowl mit Avocado und karamellisierten Cashewkernen, krosser Schweinebauch mit Wasabigurken und Teriyaki-Creme, Mango-Bowl mit Kokoshähnchen und Cheesecake mit Himbeeren und weißer Schokolade.

Ich verspreche dir: Alles ist einfach megalecker. Alle Gerichte entsprechen dabei aber auch wieder ganz meinem Feierabend-Motto: Blitzrezepte, die spätestens nach 30 Minuten Zubereitungszeit auf dem Tisch stehen. Du glaubst es nicht? Dann probiere es unbedingt aus.

Ich wünsche dir ganz viel Spaß beim Nachkochen und Genießen!

Dein Christian

# Gönn dir
# PASTA

BLITZSCHNELL SERVIERT

# PASTA MIT PILZRAHMSAUCE

## Trüffel-Style

2 PERSONEN

20 MINUTEN

1 kleine Zwiebel
1 Knoblauchzehe
200 g Champignons
50 g Pecorino oder Parmesan
1–2 Stängel glatte Petersilie
150 g Tagliatelle
(oder ähnliche Bandnudeln)
1 Msp. gehackte Rosmarinnadeln
50 ml Weißwein
(alternativ Gemüsebrühe)
200 g Sahne
Saft von ½ Zitrone
2–3 EL Trüffelöl (nach Geschmack)

AUS DEM VORRAT
Salz
2 EL Olivenöl
schwarzer Pfeffer aus der Mühle

**Zwiebel** und **Knoblauchzehe** schälen und fein hacken. **Champignons** putzen und in Scheiben schneiden. **Pecorino** fein reiben. **Petersilie** abbrausen, trocken schütteln und hacken. • In der Zwischenzeit reichlich Wasser in einem Topf zum Kochen bringen, **salzen** und die **Tagliatelle** darin nach Packungsangaben al dente garen. • Währenddessen **Olivenöl** in einer Pfanne erhitzen. Zwiebeln, Knoblauch, Champignons und **Rosmarin** hinzugeben und 2–3 Minuten kräftig anbraten. Mit **Weißwein** ablöschen und einköcheln. **Sahne** dazugießen, aufkochen und etwa 1 Minute sämig einköcheln. Pecorino unterrühren, dabei die Sauce nicht mehr kochen lassen. Die Pilzrahmsauce mit **Zitronensaft** und **Trüffelöl** verfeinern und zum Schluss mit **Salz** und **Pfeffer** abschmecken. • Die Tagliatelle abgießen, tropfnass zur Pilzrahmsauce geben und vermischen. Nach Belieben mithilfe einer Suppenkelle zu Nestern drehen und auf zwei vorgewärmten Pastatellern anrichten. Mit Petersilie garnieren und genießen.

vegetarisch, frei von raffiniertem Zucker

Die besten Spaghetti

# AGLIO E OLIO MIT GARNELEN

2 PERSONEN

15–20 MINUTEN

150 g Spaghetti
5 Knoblauchzehen
1 scharfe rote Chili
150 g geschälte rohe Garnelen
1–2 Stängel glatte Petersilie

AUS DEM VORRAT
Salz
80 ml gutes Olivenöl

Reichlich Wasser in einem Topf zum Kochen bringen, **salzen** und die **Spaghetti** darin nach Packungsangaben al dente garen. • Inzwischen die **Knoblauchzehen** schälen und in sehr feine Scheiben schneiden. **Chili** waschen, entkernen und in Ringe schneiden. **Garnelen** unter fließendem Wasser säubern, trocken tupfen und in Stücke schneiden. **Petersilie** waschen, trocken schütteln und hacken. • **Olivenöl** in einer Pfanne auf niedriger Stufe erhitzen, Knoblauch und Chiliringe hinzugeben und 3–4 Minuten langsam braten – der Knoblauch darf nicht verbrennen. Die Hitze erhöhen, die Garnelen dazugeben und kräftig anbraten. Dann mit einer kleinen Kelle Spaghetti-Kochwasser ablöschen. • Die Pasta abgießen und tropfnass in die Pfanne geben. Gehackte Petersilie darüberstreuen, alles gut vermengen und mit **Salz** abschmecken. • Die Spaghetti mithilfe einer Suppenkelle zu Nestern drehen und auf zwei vorgewärmten Pasta-Tellern anrichten.

**TIPP** Spaghetti aglio e olio bedeutet nichts anderes als Spaghetti mit Knoblauch und Öl, ein Klassiker, der mit Gewürzen und weiteren Zutaten variiert werden kann, wie hier mit Peperoncino (Chili) und Gamberetti (Garnelen) – ein absolutes Lieblingsgericht meiner Frau Pia.



laktosefrei, frei von raffiniertem Zucker

# OFENKÄSE-PASTA MIT Tomaten und Thymian

## 2 PERSONEN

1 Ofenkäse (ca. 180 g)
200 g Kirschtomaten
1 Knoblauchzehe
2 Zweige frischer Thymian (alternativ ½ TL gerebelter Thymian)
150 g Bandnudeln (z. B. Linguine oder Fettuccine)

AUS DEM VORRAT
2 EL Olivenöl
Salz
schwarzer Pfeffer aus der Mühle

## 15 MINUTEN

plus 15 Minuten Backzeit

Den Backofen auf 200 °C Ober-/Unterhitze vorheizen. • **Ofenkäse** in breite Streifen schneiden und in der Mitte einer Auflaufform verteilen. • **Kirschtomaten** waschen und halbieren. **Knoblauchzehe** schälen, in eine Schüssel pressen und mit **Olivenöl** vermischen. **Thymian** waschen, trocken tupfen, die Blättchen von den Zweigen streifen, grob hacken und zur Olivenöl-marinade geben. Mit **Salz** und **Pfeffer** würzen, die Kirschtomaten zugeben und vermischen. Die marinierten Tomaten um den Ofenkäse verteilen. • Die Auflaufform in den vorgeheizten Ofen auf die mittlere Schiene geben und 15 Minuten gratinieren. • In der Zwischenzeit reichlich Wasser in einem Topf zum Kochen bringen, **salzen** und die **Bandnudeln** darin nach Packungsangaben al dente garen. • Die Auflaufform aus dem Ofen nehmen. Die Pasta abgießen und tropfnass in die Form geben, alles vermischen und noch mal abschmecken. • Ofenkäse-Pasta auf zwei vorgewärmte Pasta-Teller geben und servieren.

**TIPP** Wer mag, kann gern noch 1 TL Feigensenf auf der fertig gebackenen Ofenkäse-Mischung verteilen und dann mit der Pasta vermengen.

vegetarisch, laktosefrei, frei von raffiniertem Zucker

# FARFALLE MIT SALSICCIA
## UND BROKKOLI

2 PERSONEN

20 MINUTEN

150 g Salsiccia
150 g Brokkoli
1 kleine Zwiebel
1 Knoblauchzehe
200 g reife Tomaten
25 g Parmesan
150 g Farfalle
(oder ähnliche Pasta-Sorte)
50 g entsteinte schwarze Oliven
2 Sardellenfilets aus dem Glas, abgetropft

AUS DEM VORRAT
Salz
2 EL Olivenöl
schwarzer Pfeffer aus der Mühle

**Salsiccia** von der Haut befreien und in Stücke zerteilen. **Brokkoli** in etwa gleich große Röschen teilen, waschen und abtropfen lassen. **Zwiebel** und **Knoblauchzehe** schälen und fein hacken. **Tomaten** waschen, vom Stielansatz befreien und grob würfeln. Den **Parmesan** fein reiben. • In der Zwischenzeit reichlich Wasser in einem Topf zum Kochen bringen, **salzen** und die **Farfalle** darin nach Packungsangaben al dente garen. • Währenddessen **Olivenöl** in einer Pfanne erhitzen, Salsiccia darin 2–3 Minuten scharf anbraten und auf einen Teller geben. Brokkoli in die Pfanne geben, scharf anbraten und ebenfalls herausnehmen. Zwiebeln und Knoblauch in der Pfanne anschwitzen. Dann gewürfelte Tomaten mit Salsiccia und Brokkoli hinzugeben und alles 3–4 Minuten köcheln lassen. • **Oliven** halbieren, **Sardellenfilets** grob hacken, beides in die Pfanne geben und mit **Salz** und **Pfeffer** abschmecken. • Die Farfalle abgießen, tropfnass in die Pfanne geben und mit der würzigen Sauce vermischen. Auf zwei vorgewärmte Pasta-Teller verteilen, mit Parmesan bestreuen und servieren.



laktosefrei, frei von raffiniertem Zucker

# Schnelle FETTUCCINE-ERBSEN-CARBONARA

## 2 PERSONEN

1 kleine Zwiebel
1 Knoblauchzehe
½ rote Chili
150 g Fettuccine
(oder andere Bandnudeln)
100 g gekochter Schinken
in Scheiben
50 ml Weißwein
(alternativ Gemüsebrühe)
200 g Sahne
75 g TK-Erbsen
50 g Parmesan

AUS DEM VORRAT
Salz
2 EL Olivenöl
schwarzer Pfeffer aus der Mühle

## 15–20 MINUTEN

**Zwiebel** und **Knoblauchzehe** schälen und fein hacken. **Chili** entkernen, waschen und in Ringe schneiden. • Reichlich Wasser in einem Topf zum Kochen bringen, **salzen** und die **Fettuccine** darin nach Packungsangaben al dente garen. • **Olivenöl** in einer Pfanne erhitzen. Zwiebeln, Knoblauch und Chili darin 2–3 Minuten farblos anschwitzen. **Kochschinken** in Streifen schneiden und 2 Minuten mitbraten. Mit **Weißwein** ablöschen und kurz einköcheln. **Sahne** zugießen, gefrorene **Erbsen** hinzugeben, zum Kochen bringen und 1–2 Minuten köcheln lassen. • Inzwischen **Parmesan** fein reiben. Die Erbsensauce mit **Salz** und **Pfeffer** abschmecken und den Parmesan unterrühren. • Fettuccine abgießen, tropfnass in die Sauce geben und gut vermengen. Dann mithilfe einer Suppenkelle zu Nestern drehen und auf zwei vorgewärmten Pasta-Tellern anrichten. Nach Belieben etwas **Pfeffer** grob darübermahlen.

# *Meine*
# RUCKZUCK-BOLO

2 PERSONEN

CA. 20 MINUTEN

1 kleine Zwiebel
1 Knoblauchzehe
200 g Rinderhackfleisch
ca. 250 ml Instant-Gemüsebrühe (je nach Bedarf etwas mehr)
200 g passierte Tomaten
½ TL gerebelter Oregano
150 g Mini-Penne (oder andere kleine Röhrchen-Pasta)
1 EL kalte Kräuterbutter
25 g Parmesan
1 kleine Handvoll Rucola

AUS DEM VORRAT
3 EL Olivenöl
1 EL Tomatenmark
Salz
schwarzer Pfeffer aus der Mühle

**Zwiebel** und **Knoblauchzehe** schälen und fein hacken. **Olivenöl** in einem Topf erhitzen und das **Hackfleisch** darin etwa 3 Minuten kräftig anbraten. Zwiebeln und Knoblauch einrühren und 2 Minuten weiterbraten. **Tomatenmark** dazugeben und kurz anrösten. Dann mit **Gemüsebrühe** ablöschen. **Passierte Tomaten** hinzufügen und mit **Oregano, Salz** und **Pfeffer** würzen. • Die Sauce zum Kochen bringen, die **Mini-Penne** einrühren und abgedeckt köcheln lassen, bis die Pasta al dente gegart ist. Je nach Bedarf noch etwas Gemüsebrühe nachgießen. Zum Schluss die **Kräuterbutter** unterrühren und noch mal abschmecken. • Inzwischen den **Parmesan** fein reiben. **Rucola** waschen und trocken schleudern. • Die Ruckzuck-Bolo auf zwei Bowls verteilen. Mit Parmesan bestreuen und mit Rucola garniert servieren.



laktosefrei, frei von raffiniertem Zucker

# MANGO-RAHMNUDELN

## mit Cheddar

2 PERSONEN

15 MINUTEN
plus ca. 8 Minuten Garzeit

1 kleine Zwiebel
2 Knoblauchzehen
150 g Makkaroni (oder andere kurze Röhrenpasta)
200 ml Mangosaft
300 ml Instant-Gemüsebrühe
4 Schnittlauchhalme
80 g Cheddar
80 g Gouda
100 g Sahne
1 EL Crème fraîche
2 EL gesalzene, geröstete Erdnusskerne

AUS DEM VORRAT
1 TL Butter
Salz
schwarzer Pfeffer aus der Mühle

**Zwiebel** und **Knoblauchzehen** schälen und fein hacken. **Butter** in einem Topf aufschäumen lassen, Zwiebeln und Knoblauch hinzugeben und farblos anschwitzen. **Makkaroni** mit **Mangosaft** und **Instant-Gemüsebrühe** hineingeben, zum Kochen bringen und abgedeckt köcheln lassen, bis die Pasta fast al dente gegart ist. • In der Zwischenzeit den **Schnittlauch** waschen, in lange Stücke schneiden und beiseitelegen. • **Cheddar** und **Gouda** reiben und mit der **Sahne** zur Pasta-Mischung geben. Alles gut vermengen, bis der Käse geschmolzen ist. Mit **Salz** und **Pfeffer** würzen und mit **Crème fraîche** cremig binden. Je nach Bedarf noch etwas heißes Wasser hinzufügen. • Die Rahmnudeln in zwei Bowls verteilen und mit **Erdnusskernen** bestreuen. Den Schnittlauch dekorativ auf der cremigen Pasta verteilen und servieren.

vegetarisch, frei von raffiniertem Zucker

# PASTA MIT SARDELLEN-TOMATEN-PESTO

## UND BURRATA

### 2 PERSONEN

### 15 MINUTEN

150 g Farfalle oder Penne
1 EL Pinienkerne
50 g getrocknete, in Öl eingelegte Tomaten, abgetropft
½ rote Chili
1 Knoblauchzehe
4 Sardellenfilets aus dem Glas, abgetropft
1 Kugel Burrata (150 g)

AUS DEM VORRAT
Salz
1 ½ EL Tomatenmark
2 EL heller Balsamico-Essig
1–2 Prisen Zucker
schwarzer Pfeffer aus der Mühle
4 EL gutes Olivenöl

Reichlich Wasser in einem Topf zum Kochen bringen, **salzen** und die **Pasta** darin nach Packungsangaben al dente garen. • In der Zwischenzeit **Pinienkerne** in einer Pfanne ohne Fettzugabe rösten, herausnehmen und in einen Mixbecher füllen. • **Tomaten** grob zerkleinern. **Chili** entkernen, waschen und fein schneiden. **Knoblauchzehe** schälen, hacken und alles in den Mixbecher geben. **Tomatenmark, Balsamico-Essig** und 1–2 EL Wasser hinzufügen und mit dem Stabmixer pürieren. Mit einer Prise **Zucker** und **Pfeffer** abschmecken. Dann das **Olivenöl** zugießen und noch mal durchmixen. Zum Schluss die **Sardellenfilets** grob hacken und dann mit einem Löffel unter das Pesto mischen. Mit **Salz** und **Zucker** abschmecken. • Die Pasta abgießen, tropfnass wieder in den Topf geben, das Sardellen-Tomaten-Pesto hinzufügen und vermischen. Die **Burrata** in Stücke zerpflücken und untermengen. Auf zwei vorgewärmte Pasta-Teller geben und genießen.

# SPAGHETTI CARBONARA
## ORIGINALE

## 2 PERSONEN

150 g Spaghetti
70 g Pecorino
100 g Guanciale (luftgetrockneter italienischer Speck; alternativ Pancetta)
2 Bioeigelb

AUS DEM VORRAT
Salz
schwarzer Pfeffer aus der Mühle

## 15 MINUTEN

Reichlich Wasser in einem Topf zum Kochen bringen, **salzen** und die **Spaghetti** darin nach Packungsangaben al dente garen. • In der Zwischenzeit den **Pecorino** fein reiben. Den **Guanciale** fein würfeln, in einer Pfanne anbraten und auf einen Teller geben. Den Bratansatz mit einer Kelle Spaghetti-Kochwasser ablöschen, vom Pfannenboden lösen, aufkochen und in eine Schüssel gießen. Den Pecorino in die heiße Flüssigkeit rühren, dann die **Eigelbe** unterrühren. • Die Spaghetti abgießen und tropfnass in die heiße Pfanne geben. Die Pecorino-Eigelb-Mischung darübergießen, gut durchschwenken und cremig binden, die Pasta dabei nicht mehr kochen lassen. Nach Belieben mit **Salz** und **Pfeffer** abschmecken. • Die Spaghetti carbonara mithilfe einer Suppenkelle zu Nestern drehen und auf zwei vorgewärmten Pasta-Tellern anrichten. Den gebratenen Guanciale darauf verteilen, reichlich **Pfeffer** grob darübermahlen und servieren.

laktosefrei, frei von raffiniertem Zucker

# NUDELGRATIN MIT SPECK, APFEL *und Greyerzer*

## 2 PERSONEN

150 g Penne (oder andere kurze Röhrenpasta)
150 g geräucherter Bauchspeck
100 g Greyerzer (alternativ anderer Hartkäse)
200 g Apfelmus aus dem Glas

AUS DEM VORRAT
Salz
3 EL Olivenöl
1 EL kalte Butter
schwarzer Pfeffer aus der Mühle

## 10–15 MINUTEN

**plus 5–8 Minuten Backzeit**

Den Backofen auf Grillstufe vorheizen. • Reichlich Wasser in einem Topf zum Kochen bringen, **salzen** und die **Penne** darin nach Packungsangaben al dente garen. • Inzwischen den **Bauchspeck** fein würfeln. **Olivenöl** in einer Pfanne erhitzen und den Speck darin gut anbraten. Den **Greyerzer** fein reiben. • Die Penne abgießen, tropfnass in die Pfanne geben und gut durchschwenken. **Apfelmus** untermengen, die Hälfte des Käses dazugeben und vermischen. In eine Auflaufform füllen und mit restlichem Käse bestreuen. **Butter** in kleinen Flöckchen darauf verteilen und unter dem vorgeheizten Backofengrill 5–8 Minuten gratinieren. • Nudelgratin aus dem Ofen nehmen, reichlich **Pfeffer** grob darübermahlen und am besten aus der Form servieren.

**TIPP** Dazu passt ein gemischter Salat.

# Spaghetti ALLA PUTTANESCA

## 2 PERSONEN

## 15–20 MINUTEN

2 Knoblauchzehen
10 entsteinte schwarze Oliven
200 g Kirschtomaten
5 Sardellenfilets aus dem Glas, abgetropft
1 Msp. gerebelter Oregano
150 g Spaghetti
1 Stängel glatte Petersilie
25 g Parmesan
1 EL Kapern aus dem Glas, abgetropft

AUS DEM VORRAT
6 EL Olivenöl
Salz
schwarzer Pfeffer aus der Mühle
1 große Prise Zucker

Die **Knoblauchzehen** schälen und in dünne Scheiben schneiden. **Oliven** halbieren, **Kirschtomaten** waschen und ebenfalls halbieren. • **Olivenöl** in einer Pfanne erhitzen. **Sardellen,** Knoblauch und Oliven darin 1–2 Minuten bei niedriger Hitze anbraten. Kirschtomaten dazugeben und anbraten. Mit **Salz, Pfeffer, Zucker** und **Oregano** würzen und etwa 10 Minuten sanft köcheln lassen. • Parallel dazu reichlich Wasser in einem Topf zum Kochen bringen, **salzen** und die **Spaghetti** darin nach Packungsangaben al dente garen. • **Petersilie** waschen, trocken schütteln und hacken. **Parmesan** fein reiben. Nach der Garzeit Petersilie und **Kapern** in die Sauce rühren und noch mal abschmecken. • Spaghetti abgießen, tropfnass in die Tomaten-Oliven-Sauce geben und gut vermengen. Dann nach Belieben mithilfe einer Suppenkelle zu Nestern drehen, auf zwei vorgewärmten Pasta-Tellern anrichten und mit Parmesan bestreuen.

laktosefrei

# SCHARFE LINGUINE MIT AVOCADO UND KARAMELLISIERTEM Ziegenkäse

2 PERSONEN

15–20 MINUTEN

1 kleine Zwiebel
2 Knoblauchzehen
200 g geschälte Tomaten aus der Dose (Pomodori pelati)
5 EL Sriracha-Sauce (alternativ süße Chilisauce)
150 g Linguine (oder ähnliche Pasta-Sorte)
1 reife Avocado
100 g Ziegenfrischkäserolle

AUS DEM VORRAT
1 EL Olivenöl
2 große Prisen Zucker
Salz

Den Backofen auf Grillstufe vorheizen. • **Zwiebel** und **Knoblauchzehen** schälen und fein würfeln. **Olivenöl** in einer Pfanne erhitzen, Zwiebeln und Knoblauch darin farblos anschwitzen. Eine große Prise **Zucker** darüberstreuen und leicht karamellisieren. **Dosentomaten** und **Sriracha-Sauce** dazugeben, zum Kochen bringen und 5–6 Minuten köcheln lassen, dann mit **Salz** abschmecken. • Parallel dazu reichlich Wasser in einem Topf zum Kochen bringen, **salzen** und die **Linguine** darin nach Packungsangaben al dente garen. • Inzwischen **Avocado** halbieren, entsteinen, schälen, in Würfel schneiden und beiseitestellen. • **Ziegenfrischkäse** in vier Scheiben schneiden, auf ein Backblech legen, mit einer große Prise **Zucker** bestreuen und unter dem vorgeheizten Backofengrill kurz karamellisieren. • Die Linguine abgießen, tropfnass in die Pfanne geben und mit der Sriracha-Tomaten-Sauce vermengen. Avocado unterheben, noch mal abschmecken und auf zwei vorgewärmten Pasta-Tellern anrichten. Den gratinierten Ziegenkäse darauflegen und servieren.

**TIPP** Der Ziegenfrischkäse kann auch mit einem Küchen-Bunsenbrenner abgeflämmt und karamellisiert werden.



vegetarisch

# LACHSNUDELN MIT FRISCHKÄSE UND TRAUBEN

2 PERSONEN

15 MINUTEN

1 kleine Zwiebel
2 Knoblauchzehen
100 g kernlose weiße Trauben
100 g Scamorza
(alternativ Mozzarella)
150 g Strozzapreti
(alternativ Röhrchenpasta)
2 EL Pinienkerne
150 ml Weißwein
(alternativ Gemüsebrühe)
50 g Sahne
150 g Doppelrahmfrischkäse
100 g Räucherlachs in Scheiben

AUS DEM VORRAT
Salz
2 EL Olivenöl
schwarzer Pfeffer aus der Mühle

**Zwiebel** und **Knoblauchzehen** schälen und fein würfeln. **Trauben** waschen, abzupfen und halbieren. **Scamorza** klein würfeln. • Reichlich Wasser in einem Topf zum Kochen bringen, **salzen** und die **Strozzapreti** darin nach Packungsangaben al dente garen. • Inzwischen **Olivenöl** in einer Pfanne erhitzen, Zwiebeln und Knoblauch darin 2–3 Minuten farblos anschwitzen. **Pinienkerne** hinzugeben und mitrösten. Mit **Weißwein** ablöschen und einköcheln lassen. **Sahne** angießen und aufkochen, dann den **Frischkäse** unterrühren. Trauben und Scamorza zur Sauce geben, vermengen und erhitzen, aber die Sauce nicht mehr kochen lassen. • Die Strozzapreti abgießen, kurz abtropfen lassen, in die Pfanne geben und mit der Sauce vermischen. **Räucherlachs** grob zerpflücken, untermengen und mit **Salz** und **Pfeffer** abschmecken. • Cremige Lachsnudeln auf zwei Bowls verteilen und servieren.

# ASIA-NUDELN MIT CHICKEN UND Koriandercreme

2 PERSONEN

15 MINUTEN

**KORIANDERCREME**

1 EL Mayonnaise (80 % Fett)
1 EL Crème fraîche
½ TL Wasabipaste
2 Stängel Koriander

**ASIA-NUDELN**

100 g asiatische Mie-Nudeln
1 kleinere Karotte
1 Stange Staudensellerie
1 Baby-Pak-Choi
1 Biohähnchenbrustfilet ohne Haut (150 g)
2 EL geröstetes Sesamöl
2 EL gesalzene, geröstete Erdnusskerne
5 EL Sojasauce
Saft von ½ Limette

AUS DEM VORRAT

1 TL heller Balsamico-Essig
Salz

Für die Koriandercreme **Mayonnaise, Crème fraîche, Balsamico-Essig** und **Wasabipaste** in einer Schale verrühren. Den **Koriander** waschen, trocken schütteln, hacken, die Hälfte davon unterrühren und mit **Salz** abschmecken. Restlichen Koriander beiseitestellen. • Für die Asia-Nudeln die **Mie-Nudeln** in eine große Schüssel füllen, mit reichlich kochendem Wasser überbrühen und 7–8 Minuten ziehen lassen. • Inzwischen die **Karotte** schälen und in feine, etwa 5 cm lange Stäbchen schneiden. **Staudensellerie** waschen, die Fäden abziehen und längs in feine Stäbchen schneiden. **Pak Choi** waschen und längs vierteln oder achteln. **Hähnchenbrust** abbrausen, trocken tupfen und quer zur Faser in dünne Scheiben schneiden. • **Sesamöl** in einer Pfanne gut erhitzen. Karotten, Staudensellerie und Pak Choi hinzufügen und bei hoher Hitze unter Rühren stark anbraten. Hähnchenfleisch dazugeben und gut anbraten. **Erdnusskerne** darüberstreuen. Mie-Nudeln abgießen, kurz abtropfen lassen, ebenfalls hinzugeben und etwas anrösten. Mit **Sojasauce** ablöschen und gut durchschwenken. • Zum Schluss die Asia-Nudeln mit **Limettensaft** verfeinern und den beiseitegestellten gehackten Koriander untermengen. Auf zwei Bowls verteilen und je einen Klecks Koriandercreme daraufgeben.

# Gönn dir
# GEMÜSE

SO SCHNELL GEHT
GEILES GEMÜSE

# PFANNENGEMÜSE MIT CRUNCH

## Benedict-Style

2 PERSONEN

CA. 20 MINUTEN

**PANKO-CRUNCH**

3 EL Panko (grobe Brotbrösel)
1 Msp. geräuchertes Paprikapulver

**PFANNENGEMÜSE UND EIER**

400 g gemischtes Gemüse (z. B. Paprika, Zucchini, Brokkoli, Zuckerschoten)
1 Handvoll Babyspinat
60 g Taleggio (oder ähnlicher Weichkäse)
1 EL Kräuterbutter
2 frische Bioeier

AUS DEM VORRAT

1 EL Butter
Salz
2 EL Olivenöl
schwarzer Pfeffer aus der Mühle
1 Spritzer Obstessig (z. B. Apfelessig)

Für den Panko-Crunch **Butter** in einem Topf aufschäumen, **Panko-Brösel** einstreuen und kurz rösten. Mit **Paprikapulver** und **Salz** würzen und dann den Panko-Crunch auf Küchenpapier abtropfen lassen. • Für das Pfannengemüse das **Gemüse** putzen, waschen und in etwa gleich große Spalten oder Stücke schneiden. **Babyspinat** waschen und abtropfen lassen. • **Olivenöl** in einer Pfanne erhitzen, das Gemüse darin scharf anrösten und bissfest garen, dabei zwischendurch immer wieder durchschwenken. Den Babyspinat hinzugeben, den Deckel auflegen und zusammenfallen lassen. • Währenddessen den **Taleggio** klein schneiden, mit der **Kräuterbutter** in die Gemüsepfanne geben und alles gut durchschwenken, bis der Käse zu schmelzen beginnt. Mit **Salz** und **Pfeffer** abschmecken. • Inzwischen für die pochierten Eier reichlich Wasser in einem Topf zum Kochen bringen. Einen Spritzer **Essig** und etwas **Salz** hinzugeben und nicht mehr kochen lassen. Ein **Ei** aufschlagen und in eine Tasse geben. Ein Sieb in das Essigwasser halten, das Ei hineingleiten lassen und 3–4 Minuten pochieren, dann mithilfe des Siebs herausnehmen und kurz abtropfen lassen. Auf die gleiche Weise das zweite **Ei** pochieren. • Pfannengemüse auf zwei Tellern anrichten. Je ein pochiertes Ei darauf platzieren und mit Panko-Crunch bestreuen.

vegetarisch, frei von raffiniertem Zucker

# BBQ-GEMÜSE MIT BACON UND Honig-Crème-fraîche

2 PERSONEN

15 MINUTEN
plus ca. 30 Minuten Backzeit

**BBQ-GEMÜSE**

500 g gemischtes Wurzelgemüse (z. B. Karotten, Petersilienwurzel, Pastinaken)
30 g Bacon in Scheiben
1 TL Harissa-Paste
1 TL Feigensenf
½ TL geräuchertes Paprikapulver

**DIP**

1 Stängel glatte Petersilie
3 EL Crème fraîche
1 EL flüssiger Honig
Saft von ½ Zitrone

AUS DEM VORRAT
4 EL Olivenöl
Salz
1 EL Butter
schwarzer Pfeffer aus der Mühle

Backofen auf 240 °C Ober-/Unterhitze vorheizen. • Für das BBQ-Gemüse das **Wurzelgemüse** schälen, je nach Dicke längs halbieren, vierteln oder achteln und in eine Schüssel geben (die Gemüsesticks sollten ungefähr dieselbe Größe haben, damit alles gleichmäßig gart). • **Bacon** in feine Streifen schneiden und in einer kleinen Pfanne anrösten. Währenddessen **Olivenöl, Harissa-Paste, Feigensenf, Paprikapulver** und eine Prise **Salz** in einer Schüssel zu einer Marinade vermengen. **Butter** zum Bacon geben, verrühren, den Pfanneninhalt zur Marinade geben und vermischen. • Die Bacon-Mischung zum Gemüse geben, gut vermengen, auf einem mit Backpapier ausgelegten Backblech verteilen und im vorgeheizten Ofen auf der mittleren Schiene etwa 30 Minuten backen, dabei nach der Hälfte der Backzeit das Gemüse wenden. • Inzwischen für den Dip die **Petersilie** abbrausen, trocken schütteln, hacken und in eine Schale geben. **Crème fraîche, Honig** und **Zitronensaft** hinzufügen, verrühren und mit **Salz** und **Pfeffer** abschmecken. • Das BBQ-Gemüse auf zwei Tellern anrichten und dazu den Dip reichen.



glutenfrei

# LAUWARMER SPARGELSALAT MIT EIER-VINAIGRETTE

## und Pinienkernbutter

2 PERSONEN

25 MINUTEN

3 Bioeier
1 Bund weißer Spargel (600 g)
1 Scheibe Bioorange
1 Scheibe Biozitrone
50 g Parmesan
4–5 Schnittlauchhalme
1 EL süße Chilisauce
2 EL Pinienkerne

AUS DEM VORRAT
1 ½ TL Zucker
Salz
1 EL feiner scharfer Senf
3 EL heller Balsamico-Essig
5 EL Olivenöl
2 EL Butter

Die **Eier** wachsweich kochen, abgießen, in eiskaltem Wasser abschrecken, abkühlen lassen und pellen. • Inzwischen vom **Spargel** die unteren Enden etwa 1 cm abschneiden und die Stangen schälen. Reichlich Wasser in einem breiten Topf aufkochen. 1 TL **Zucker,** 1 TL **Salz, Orangen-** und **Zitronenscheibe** hinzugeben und den Spargel darin je nach Dicke etwa 10 Minuten bissfest kochen. • Währenddessen den **Parmesan** fein reiben und beiseitestellen. • **Schnittlauch** waschen, trocken schütteln und in Röllchen schneiden. **Senf, Balsamico-Essig, Olivenöl, Chilisauce,** ½ TL **Zucker** und etwas **Salz** zu einer Vinaigrette verrühren. Die Eier in Scheiben schneiden, hineingeben und vermengen. Schnittlauchröllchen dazugeben, abschmecken und in zwei Schalen füllen. • **Pinienkerne** in einem kleinen Topf oder einer kleinen Pfanne ohne Fett rösten und herausnehmen. **Butter** in demselben Topf (oder der Pfanne) aufschäumen und langsam bräunen. Sofort vom Herd nehmen und beiseitestellen. Kurz vor dem Servieren die Pinienkerne in die noch heiße Nussbutter geben. • Spargel vorsichtig aus dem Kochwasser heben, kurz abtropfen lassen und auf zwei Teller legen. Mit der heißen Pinienkernbutter beträufeln und mit Parmesan bestreuen. Dazu die süßsaure Eier-Vinaigrette servieren.

vegetarisch, glutenfrei

# FRITTIERTE AVOCADO MIT
# Wasabi-Mayo

2 PERSONEN

15 MINUTEN

**FRITTIERTE AVOCADOS**

2 große reife Avocados
1 EL Christian Henzes „IN LOVE – Avocado-Gewürz" (siehe Tipp)
2 EL Sriracha-Sauce (alternativ süße Chilisauce)
2 EL Tempuramehl
8 EL Panko (grobe Brotbrösel)
2 Stängel Koriander
Saft von ½ Limette

**WASABI-MAYO**

1 TL Wasabipaste
3 EL Mayonnaise (80 % Fett)

AUS DEM VORRAT
300 ml Sonnenblumen- oder Maiskeimöl
1 EL heller Balsamico-Essig
Salz

**Avocados** halbieren, entsteinen und längs vierteln. Die Schale vorsichtig ablösen und das Avocadofruchtfleisch in daumengroße Stücke schneiden. **Avocado-Gewürz** mit **Sriracha-Sauce** verrühren, über die Avocadostücke träufeln und vorsichtig vermengen. • **Tempuramehl** mit etwas eiskaltem Wasser zu einem flüssigen Teig verrühren. **Panko** auf einen Teller streuen. • **Sonnenblumenöl** in einer Pfanne auf etwa 180 °C erhitzen. Die marinierten Avocadostücke erst durch den Teig ziehen, dann in den Bröseln wenden und im heißen Öl 1–2 Minuten rundum knusprig frittieren. Auf Küchenpapier kurz abtropfen lassen. • Inzwischen für die Wasabi-Mayo **Wasabipaste, Mayonnaise** und **Balsamico-Essig** glatt rühren, mit **Salz** abschmecken und in zwei kleine Schälchen füllen. **Koriander** waschen, trocken schütteln und die Blätter abzupfen. • Die frisch frittierten Avocadostücke auf zwei Teller oder Bowls verteilen. Mit **Limettensaft** beträufeln und mit Korianderblättern bestreuen. Dazu die Wasabi-Mayo zum Dippen reichen.

**TIPP** Mein Avocado-Gewürz ist eine spezielle, sehr aromatische Mischung, die ich aus schwarzer Sesamsaat, Salz, Tomatenflocken, Tellicherry-Pfeffer, rosa Beeren und Chili kreiert habe. Sie passt nicht nur zu Avocado, sondern macht sich zum Beispiel auch sehr gut auf Brot mit Frischkäse und Tomate. Alternativ kann man auch Salz und schwarzen Pfeffer nehmen.



vegetarisch

# SCHARFES ZUCCHINI-GRATIN

## mit Fetakruste

2 PERSONEN

15 MINUTEN
plus ca. 30 Minuten Backzeit

400 g grüne oder gelbe Zucchini
2 EL Doppelrahmfrischkäse
100 g Sahne
1 EL Tandoori-Paste
3 EL süße Chilisauce
¼ TL gemahlene Kurkuma
100 g Schafmilch-Feta (48 % Fett)

AUS DEM VORRAT
1 EL weiche Butter
Salz

Den Backofen auf 180 °C Ober-/Unterhitze vorheizen. • Die **Zucchini** waschen, putzen, längs halbieren und quer in etwa 5 mm dünne Scheiben schneiden. Eine runde Auflaufform mit **Butter** ausstreichen und die Zucchinischeiben darin rosettenartig hineinschichten. **Frischkäse** mit **Sahne** und **Tandoori-Paste** verrühren, mit **Salz** abschmecken und über die Zucchinischeiben gießen. • **Chilisauce** mit **Kurkuma** und einer Prise **Salz** verrühren. Den **Feta** grob zerbröseln und untermengen. Die Feta-Mischung über den Zucchinischeiben verteilen, in den vorgeheizten Ofen auf die mittlere Schiene geben und etwa 30 Minuten goldbraun backen. • Aus dem Ofen nehmen und das Zucchini-Gratin in der Auflaufform servieren.

vegetarisch, glutenfrei

# BABYSPINAT MIT PARMESAN

## UND KNOBLAUCH-CHIPS

2 PERSONEN

20 MINUTEN

8 Knoblauchzehen
70 g Parmesan
300 g Babyspinat
1 kleine Zwiebel
150 g Sahne
1 EL Schmand oder Crème fraîche

AUS DEM VORRAT
100 ml Sonnenblumen- oder Maiskeimöl
1 TL Butter
Salz
schwarzer Pfeffer aus der Mühle

**Knoblauchzehen** schälen und in feine Scheiben schneiden. **Öl** in einem kleinen Topf erhitzen und den Knoblauch darin langsam goldgelb frittieren – dabei aufpassen, denn der Knoblauch wird schnell braun und somit bitter. Knoblauch-Chips aus dem Öl heben und auf Küchenpapier abtropfen lassen. • **Parmesan** fein reiben. **Babyspinat** waschen und gut trocken schleudern. **Zwiebel** schälen und fein würfeln. • **Butter** in einer Pfanne aufschäumen lassen und die Zwiebeln darin farblos anschwitzen. Babyspinat zugeben, den Deckel auflegen und Spinat etwas zusammenfallen lassen. Dann vermischen, **Sahne** zugießen und einmal aufkochen. **Schmand** und Parmesan einrühren und mit **Salz** und **Pfeffer** abschmecken. • Cremigen Spinat auf zwei Teller verteilen und mit den Knoblauch-Chips bestreuen.

**TIPP** Dazu passen geröstetes Brot, zum Beispiel selbst gebackenes Toastbrot (siehe Seite 156), und ein Tomatensalat sehr gut. Übrigens: Babyspinat gibt es auch gebrauchsfertig verlesen, gewaschen und abgepackt im Supermarkt zu kaufen.



vegetarisch, glutenfrei, frei von raffiniertem Zucker

# OFEN-ZUCCHINI MIT FEIGEN-BALSAMICO UND RICOTTA

## 2 PERSONEN

400 g junge grüne oder gelbe Zucchini
3 EL geröstetes Sesamöl
½ TL rote Chilipaste (nicht zu scharf)
1 EL Feigensenf
1 reife Feige
Saft und fein abgeriebene Schale von ½ Bioorange
100 g Ricotta

AUS DEM VORRAT
3 EL gutes Olivenöl
Salz
3 EL dunkler Balsamico-Essig

## 10 MINUTEN

plus ca. 25 Minuten Backzeit

Den Backofen auf 250 °C Ober-/Unterhitze vorheizen. • **Zucchini** waschen, putzen, längs vierteln, in 5–6 cm lange Sticks schneiden und in eine Schüssel geben. **Olivenöl, Sesamöl, Chilipaste** und ½ TL **Salz** verrühren, die Marinade über die Zucchini träufeln und vermengen. • **Balsamico-Essig** mit **Feigensenf** verrühren. **Feige** waschen, in Würfel schneiden und untermengen. • **Orangensaft** und **Orangenschale** mit **Ricotta** vermengen und mit **Salz** würzen. • Die marinierten Zucchini auf einem mit Backpapier ausgelegten Backblech verteilen. Den Feigen-Balsamico darüberträufeln und den Orangen-Ricotta klecksartig dazwischengeben. In den vorgeheizten Ofen auf die mittlere Schiene schieben und etwa 25 Minuten rösten. • Herausnehmen, die Ofen-Zucchini auf zwei Tellern anrichten und servieren.

vegetarisch, glutenfrei

# GRILLPAPRIKA-ANTIPASTI

## mit Thymian

2 PERSONEN

2 große rote Paprika
2 große gelbe Paprika
1 Knoblauchzehe
1 Spritzer Zitronensaft
2 Zweige Thymian

AUS DEM VORRAT
6 EL Olivenöl
¼ TL Salz
schwarzer Pfeffer aus der Mühle

25 MINUTEN
plus 15–20 Minuten Grillzeit und mind. 1 Tag Marinierzeit

Den Backofen auf Grillstufe vorheizen. • Alle **Paprika** waschen, längs vierteln, entkernen und mit der Haut nach oben auf ein Backblech legen. Unter dem vorgeheizten Backofengrill 15–20 Minuten grillen, bis die Haut an den meisten Stellen schwarz verfärbt ist, dabei den Röstzustand zwischendurch kontrollieren. • Das Backblech herausnehmen, die Paprika mit einem nassen Küchentuch abdecken und lauwarm abkühlen lassen. Dann die Haut abziehen, die Paprikafilets längs in daumendicke Streifen schneiden und in eine Schüssel geben. • In der Zwischenzeit die **Knoblauchzehe** schälen und in hauchdünne Scheiben hobeln oder schneiden. In eine Schale geben, **Olivenöl, Zitronensaft, Salz** und etwas **Pfeffer** hinzugeben und vermengen. • Die Marinade über die Paprikafilets träufeln und behutsam vermengen. **Thymianzweige** abbrausen, trocken tupfen, grob zerteilen und unterheben. Dann in ein großes verschließbares Glas füllen und mindestens 1 Tag im Kühlschrank marinieren.

**TIPP** Die eingelegten Grillpaprika als Antipasti auf einer Platte anrichten und dazu knusprig geröstetes Brot reichen. Oder die Grillpaprika fein hacken, auf geröstete Brotscheiben geben und als Crostini servieren. Als Brot passt natürlich auch das selbst gebackene Toastbrot sehr gut (siehe Seite 156). Gut verschlossen und gekühlt halten sich die Grillpaprika mindestens 1 Woche im Kühlschrank. Deshalb am besten gleich die doppelte Menge zubereiten.



vegan, laktosefrei, glutenfrei, frei von raffiniertem Zucker

# GEBRATENE PETERSILIEN-WURZEL MIT MANDELN

## und Zitrone

2 PERSONEN

20 MINUTEN

400 g Petersilienwurzeln
3 EL ganze blanchierte Mandelkerne
2 Knoblauchzehen
3 getrocknete Soft-Tomaten
1 Msp. gehackte Rosmarinnadeln
Saft und fein abgeriebene Schale von ½ Biozitrone

AUS DEM VORRAT
2 EL Olivenöl
2 EL Butter
Salz
schwarzer Pfeffer aus der Mühle

**Petersilienwurzeln** schälen, längs halbieren und quer in daumendicke Stücke schneiden. Das **Olivenöl** in einer beschichteten Pfanne erhitzen und die Petersilienwurzeln darin rundum kräftig anbraten. Die **Mandeln** grob hacken, mit der **Butter** dazugeben und anrösten. Dann die Hitze reduzieren und 5–8 Minuten weitergaren. • In der Zwischenzeit die **Knoblauchzehen** schälen und in dünne Scheiben schneiden. **Tomaten** in Streifen schneiden. Beides mit **Rosmarin** in die Pfanne geben, gut durchschwenken, mit **Salz** und **Pfeffer** abschmecken und mit **Zitronensaft** und **Zitronenschale** verfeinern. • Gebratene Petersilienwurzeln auf zwei Teller geben und genießen.

vegetarisch, glutenfrei, frei von raffiniertem Zucker

# GEBRATENER FENCHEL MIT HARISSA

## und Bohnencreme

2 PERSONEN

15 MINUTEN
plus ca. 30 Minuten Backzeit

**FENCHEL**

2 große oder 3 kleinere Fenchelknollen
1 Biozitrone
1 Prise gemahlener Zimt

**WEISSE-BOHNEN-CREME**

120 g weiße Bohnenkerne aus der Dose
1 kleine Knoblauchzehe
1 TL Harissa-Paste
Saft von ½ Zitrone
1 TL Tahin (Sesammus)

AUS DEM VORRAT
7 EL Olivenöl
Salz
schwarzer Pfeffer aus der Mühle

Den Backofen auf 250 °C Ober-/Unterhitze vorheizen. • Den **Fenchel** waschen, die Stängel etwas kürzen, das Grün abschneiden und zum Garnieren beiseitelegen. Die Knollen längs halbieren und samt Strunk in fingerdicke Spalten schneiden. • **Zitrone** waschen, die Schale fein abreiben, den Saft auspressen und beides in eine große Schüssel geben. 5 EL **Olivenöl** nach und nach kräftig unterrühren und mit **Zimt** und ½ TL **Salz** würzen. Fenchelspalten hinzugeben, gut mit der Marinade vermengen und auf einem mit Backpapier ausgelegten Backblech verteilen. In den vorgeheizten Ofen auf die mittlere Schiene geben und etwa 30 Minuten rösten, dabei nach der Hälfte der Backzeit die Fenchelspalten wenden. • Inzwischen für die Weiße-Bohnen-Creme die **Bohnen** abgießen, unter fließendem Wasser abbrausen und abtropfen lassen. **Knoblauchzehe** schälen und fein hacken. 2 EL **Olivenöl** in einem Topf erhitzen. Bohnen, Knoblauch und **Harissa-Paste** darin bei mittlerer Hitze kurz anbraten. Mit **Zitronensaft** ablöschen und **Tahin** unterrühren. 50 ml Wasser zugießen und einmal aufkochen. Den gesamten Topfinhalt in einen Mixbecher füllen und mit dem Stabmixer cremig pürieren, dabei je nach Bedarf etwas heißes Wasser angießen. Mit **Salz** und **Pfeffer** abschmecken. • Die Weiße-Bohnen-Creme auf zwei Teller geben und nach Belieben mit einem Löffelrücken zu einem runden Spiegel verstreichen. Die gerösteten Fenchelspalten darauf anrichten und mit Fenchelgrün garnieren.



vegan, laktosefrei, glutenfrei, frei von raffiniertem Zucker

# GEBACKENE KAROTTEN
## mit Joghurt-Minze-Dip

2 PERSONEN

15 MINUTEN
plus ca. 30 Minuten Backzeit

**KAROTTEN**
1 Bund Karotten (500 g)
1 TL Harissa-Paste
1 TL Feigensenf
½ TL geräuchertes Paprikapulver
2 Msp. gemahlener Zimt

**JOGHURT-MINZE-DIP**
3 EL griechischer Joghurt Natur (10 % Fett)
1 EL Aprikosenkonfitüre
Saft von ½ Limette
5 Minzeblätter

AUS DEM VORRAT
2 EL Butter
4 EL Olivenöl
Salz
schwarzer Pfeffer aus der Mühle

Den Backofen auf 240 °C Ober-/Unterhitze vorheizen. • Von den **Karotten** das Grün bis auf etwa 1 cm abschneiden und die Enden waschen. Karotten schälen, längs halbieren und in eine Schüssel geben. • **Butter** in einem kleinen Topf aufschäumen lassen und langsam bräunen. Inzwischen **Olivenöl, Harissa-Paste, Feigensenf, Paprikapulver, Zimt** und ½ TL **Salz** in einer Schale zu einer Marinade verrühren. Dann die flüssige Nussbutter einrühren. • Die Marinade über die Karotten träufeln, gut vermengen und auf einem mit Backpapier ausgelegten Backblech verteilen. In den vorgeheizten Ofen auf die mittlere Schiene geben und etwa 30 Minuten backen, dabei nach der Hälfte der Backzeit die Karotten wenden. • Inzwischen für den Joghurt-Minze-Dip **Joghurt, Aprikosenkonfitüre** und **Limettensaft** verrühren. **Minzeblätter** waschen, trocken tupfen, in sehr feine Streifen schneiden und untermengen. Mit **Salz** und **Pfeffer** abschmecken. • Gebackene Karotten auf zwei Tellern anrichten und dazu den Joghurt-Minze-Dip reichen.

vegetarisch, glutenfrei

# Gönn dir FLEISCH & FISCH

KURZGEBRATENES ZUM NIEDERKNIEN

# PFEFFERSTEAK MIT RAHMSAUCE UND KRÄUTERBUTTER-KARTOFFELN

2 PERSONEN

25 MINUTEN

**PFEFFERSTEAKS**

1 TL Christian Henzes „IN LOVE – Gourmet-Pfeffer" (siehe Tipp)
2 Rumpsteaks (à 180 g)
50 ml roter Portwein
50 ml Rotwein
100 g Sahne

**KRÄUTERBUTTER-KARTOFFELN**

350 g gekochte Pellkartoffeln vom Vortag
2 EL Kräuterbutter
1 Stängel glatte Petersilie

AUS DEM VORRAT

Salz
2 EL neutrales Pflanzenöl (z. B. Maiskeimöl)
1 TL scharfer Senf
1 TL kalte Butter

Den Backofen auf 80 °C Ober-/Unterhitze vorheizen. • Für die Pfeffersteaks den **Gourmet-Pfeffer** auf einen Teller streuen. **Rumpsteaks** von beiden Seiten mit **Salz** würzen und im Pfeffer wenden. • **Pflanzenöl** in einer Pfanne erhitzen und die Pfeffersteaks darin bei hoher Hitze von jeder Seite 2 ½ Minuten scharf anbraten. Auf ein Backblech geben und im vorgeheizten Ofen 10 Minuten nachgaren lassen. Die Pfanne beiseitestellen. • Inzwischen für die Kräuterbutter-Kartoffeln die **Pellkartoffeln** schälen und mit der Handfläche flach drücken. **Kräuterbutter** in einer beschichteten Pfanne aufschäumen lassen und die Kartoffeln darin von beiden Seiten goldbraun braten. Zum Schluss mit **Salz** abschmecken. • Parallel dazu **Portwein** und **Rotwein** in die Steakpfanne geben, den Bratensatz lösen und einköcheln lassen. **Senf** unterrühren, **Sahne** angießen, aufkochen und die kalte **Butter** unterrühren. Die Sauce mit **Salz** abschmecken. • **Petersilie** waschen, trocken schütteln und Blätter abzupfen. Die Pfeffersteaks mit den Kräuterbutter-Kartoffeln auf zwei Tellern anrichten, mit der Rahmsauce beträufeln, mit Petersilie garnieren und servieren.

**TIPP** Mein Gourmet-Pfeffer ist eine Gewürzmischung aus Pfeffer, Paprika, Knoblauch, Zwiebeln, Piment, Thymian, Basilikum und Salz, die ideal zum Verfeinern von Fleisch, Fisch, Pasta, Gemüse und Beilagen ist. Alternativ kann grob geschroteter schwarzer Pfeffer verwendet werden.

glutenfrei, frei von raffiniertem Zucker

# Butter-Chicken-
# CURRY

2 PERSONEN

20 MINUTEN
plus evtl. 5 Stunden Ruhezeit und 10 Minuten Garzeit

**ZUM MARINIEREN**
300 g Biohähnchenbrustfilet ohne Haut
2 Knoblauchzehen
½ rote Chili
2 EL Joghurt Natur (3,5 % Fett)
1 TL frisch geriebener Ingwer
2 Msp. gemahlener Kreuzkümmel (Cumin)

**BUTTER-CHICKEN-CURRY**
1 kleine Zwiebel
2 Knoblauchzehen
2 EL milde Tandoori-Paste
½ TL Garam Masala (Gewürzmischung)
½ TL gemahlene Kurkuma
200 g passierte Tomaten
100 g Sahne
2 Msp. gemahlener Zimt
3 Gewürznelken

**ZUM SERVIEREN**
1 Stängel Koriander
2 EL Joghurt Natur (3,5 % Fett)

AUS DEM VORRAT
Salz
3 EL Butter
2 EL neutrales Pflanzenöl (z. B. Sonnenblumenöl)
1 EL Tomatenmark
1 Prise Zucker

Zum Marinieren das **Hähnchenfleisch** abbrausen, trocken tupfen und quer zur Faser in dünne Scheiben schneiden. **Knoblauchzehen** schälen und in eine Schüssel pressen. **Chili** entkernen, waschen, fein hacken und zum Knoblauch geben. **Joghurt, Ingwer, Kreuzkümmel** und ½ TL **Salz** einrühren, Hähnchenfleisch dazugeben und vermengen. Am besten 5 Stunden im Kühlschrank marinieren oder sofort verwenden. • Für das Butter-Chicken-Curry die **Zwiebel** schälen und fein würfeln. **Knoblauchzehen** schälen und fein hacken. **Butter** und **Pflanzenöl** in einer Pfanne erhitzen, das marinierte Hähnchenfleisch darin 2–3 Minuten anbraten und aus der Pfanne nehmen. • Zwiebeln und Knoblauch in derselben Pfanne farblos anschwitzen. **Tomatenmark, Tandoori-Paste, Garam Masala** und **Kurkuma** unterrühren und mit den **Tomaten** ablöschen. **Sahne** dazugießen, **Zimt** und **Gewürznelken** hinzufügen und aufkochen. Hähnchenfleisch wieder hineingeben und 10 Minuten abgedeckt bei niedriger Hitze gar ziehen lassen – die Sauce darf nicht kochen. Gewürznelken entfernen und mit **Salz** und **Zucker** abschmecken. • Den **Koriander** waschen und die Blätter abzupfen. Curry auf zwei Bowls verteilen, je 1 EL **Joghurt** daraufgeben und mit Koriander bestreuen.

**TIPP** Dazu passen warme Naan-Brote sehr gut oder die knusprigen selbst gebackenen Pfannenbrote (siehe Seite 83), aber auch geröstetes, selbst gebackenes Toastbrot (siehe Seite 156).

# CURRYWURST-GÖNNUNG

## Rot-Weiß

2 PERSONEN

20 MINUTEN

**BRATWURST UND BRÖTCHEN**

2 dicke Bratwürste oder Currywürste
2 längliche Brötchen (z. B. Hotdog-Brötchen ohne Loch)
2 EL Mayonnaise (80 % Fett)
2 EL Röstzwiebeln (Fertigprodukt)

**CURRYSAUCE**

1 kleine weiße Zwiebel
1 Knoblauchzehe
2 Msp. Curry-Gewürzmischung plus etwas zum Bestreuen
1 Msp. geräuchertes Paprikapulver
50 ml Apfelsaft
6 EL Tomatenketchup

AUS DEM VORRAT

2 EL neutrales Pflanzenöl (z. B. Maiskeim- oder Sonnenblumenöl)
1 TL Tomatenmark
Salz
schwarzer Pfeffer aus der Mühle

Den Backofen auf 80 °C Ober-/Unterhitze vorheizen. • Die **Bratwürste** von beiden Seiten mit einem Messer im Abstand von 2–3 cm leicht einritzen. **Pflanzenöl** in einer Pfanne erhitzen und die Bratwürste darin von beiden Seiten insgesamt etwa 5 Minuten goldbraun braten, dabei öfter wenden. Aus der Pfanne nehmen und im vorgeheizten Ofen warm halten. • Inzwischen für die Currysauce die **Zwiebel** schälen und würfeln. **Knoblauchzehe** schälen und fein hacken. Beides in die heiße Bratwurstpfanne geben und anbraten. **Curry-Gewürzmischung** und **Paprikapulver** darüberstäuben. **Tomatenmark** einrühren und mit **Apfelsaft** ablöschen. Die Flüssigkeit etwas einkochen lassen, dann **Ketchup** einrühren und köcheln lassen, bis die Currysauce sämig ist. Mit **Salz** und **Pfeffer** abschmecken. • Die Brötchen aufschneiden, aber nicht ganz durchschneiden. Bratwürste in daumendicke Scheiben schneiden, in die Brötchen füllen und mit Currysauce bedecken. Leicht mit **Curry-Gewürzmischung** bestäuben, je 1 EL **Mayonnaise** darübergeben und mit je 1 EL **Röstzwiebeln** bestreuen. Auf zwei Teller geben und genießen.

**TIPP** Wer es gern scharf mag, kann etwas Chilipulver in die Currysauce geben.

# KNUSPRIGES FISCHFILET MIT SPECKBUTTER

## UND BRATKARTOFFELN

2 PERSONEN

20 MINUTEN

**BRATKARTOFFELN**

350 g gekochte Pellkartoffeln vom Vortag
½ TL edelsüßes Paprikapulver
2 Msp. gemahlener Kümmel
2 EL Butterschmalz
1 Stängel glatte Petersilie

**FISCHFILETS**

2 weiße Fischfilets ohne Haut (à 150 g; z. B. Seelachs, Zander)
50 g geräucherter Bauchspeck in Scheiben
1 EL Kräuterbutter

AUS DEM VORRAT

4 EL Weizenmehl Type 405
Salz
schwarzer Pfeffer aus der Mühle
2 EL Butter

Für die Bratkartoffeln die **Pellkartoffeln** schälen und in Scheiben schneiden. 2 EL **Mehl** mit **Paprikapulver, Kümmel,** etwas **Salz** und **Pfeffer** in einer Schüssel vermischen. Die Kartoffelscheiben hinzugeben und alles locker vermengen. • **Butterschmalz** in einer Pfanne erhitzen und die Kartoffeln darin 8–10 Minuten knusprig anbraten, dabei öfter durchschwenken. • In der Zwischenzeit den Backofen auf 80 °C Ober-/Unterhitze vorheizen. • Während die Kartoffeln braten, für die Fischfilets 2 EL **Mehl** auf einen Teller streuen. **Fischfilets** säubern, abwaschen, gut trocken tupfen und von beiden Seiten im Mehl wenden. Überschüssiges Mehl abklopfen. • **Butter** in einer Pfanne aufschäumen lassen und die Fischfilets darin bei mittlerer Hitze von beiden Seiten je 1–2 Minuten kräftig und knusprig braten, dann leicht **salzen,** auf ein Backblech geben und im vorgeheizten Ofen warm halten. • **Bauchspeck** fein würfeln und in derselben Pfanne knusprig braten, dabei öfter durchrühren. Zum Schluss **Kräuterbutter** dazugeben und durchschwenken. • **Petersilie** abbrausen, trocken schütteln und hacken. Die Bratkartoffeln mit **Salz** abschmecken und die Petersilie hinzugeben. Auf zwei Teller verteilen und daneben die Fischfilets anrichten. Speckbutter über den Fisch geben und servieren.

**TIPP** Die Pflanzerl unbedingt bei niedriger Hitze langsam braten, damit die Röstzwiebeln nicht verbrennen. Als Beilage passt ein Salat oder gebratene Kartoffeln.

# RÖSTZWIEBEL-PFLANZERL

## MIT SPECK UND SENFSAUCE

2 PERSONEN

25–30 MINUTEN

**RÖSTZWIEBEL-PFLANZERL**

80 g Frühstücksspeck in Scheiben
50 g Gouda
1–2 Stängel glatte Petersilie
300 g Rinderhackfleisch
1 EL Tomatenketchup
2 Bioeier
30 g Semmelbrösel
1 Handvoll Röstzwiebeln (Fertigprodukt)

**SENFSAUCE**

1 EL süßer Senf
150 g Sahne
1 Stängel glatte Petersilie
½ TL eingelegter grüner Pfeffer aus dem Glas, abgetropft

AUS DEM VORRAT

1 ½ EL feiner scharfer Senf
Salz
schwarzer Pfeffer aus der Mühle
2 EL neutrales Pflanzenöl (z. B. Sonnenblumenöl)
1 EL Butter

Für die Röstzwiebel-Pflanzerl den **Frühstücksspeck** fein würfeln, ohne Fett in einer Pfanne braten und in eine Schüssel geben. Die Pfanne beiseitestellen. • **Gouda** in kleine Würfel schneiden. **Petersilie** waschen, trocken schütteln, fein hacken und mit Gouda und **Hackfleisch** zum Speck geben. ½ EL scharfen **Senf, Ketchup, Eier, Semmelbrösel,** etwas **Salz** und **Pfeffer** hinzugeben, gut verkneten und mit nassen Händen vier runde Pflanzerl formen. **Röstzwiebeln** auf einen Teller streuen, die Pflanzerl darin von beiden Seiten wenden und die Zwiebeln gut andrücken. • Den Backofen auf 80 °C Ober-/Unterhitze vorheizen. • **Pflanzenöl** und **Butter** in der Speckpfanne erhitzen und die Pflanzerl darin bei niedriger Hitze von beiden Seiten je 6 Minuten langsam knusprig braten, dabei öfter wenden. Auf ein Backblech geben und im vorgeheizten Ofen warm halten. • Für die Senfsauce die Pfanne erneut erhitzen, je 1 EL süßen und scharfen **Senf** dazugeben und kurz anrösten. Mit **Sahne** ablöschen, den Bratensatz lösen und die Sauce sämig einköcheln lassen. • Die **Petersilie** waschen, trocken schütteln und fein hacken. **Pfefferkörner** grob zerdrücken, mit der Petersilie in die Sauce rühren und mit **Salz** abschmecken. • Die Senfsauce auf zwei Teller geben, die Röstzwiebel-Pflanzerl daraufsetzen und servieren.

# TAGLIATA MIT AVOCADO
## und Trüffel-Aioli

2 PERSONEN

25 MINUTEN

**RUCOLA-SALAT**

1 Bund Rucola
1 rote Zwiebel
180 g Kirschtomaten

**TRÜFFEL-AIOLI**

1 kleine Knoblauchzehe
2 EL Mayonnaise (80 % Fett)
1 EL Trüffelöl

**TAGLIATA**

2 Rumpsteaks (à 180 g)
1 reife Avocado
½ rote Chili
1 EL flüssiger Honig
Saft und fein abgeriebene Schale von ½ Biozitrone

AUS DEM VORRAT

Salz
3 EL heller Balsamico-Essig
schwarzer Pfeffer aus der Mühle
2 EL neutrales Pflanzenöl (z. B. Sonnenblumenöl)
2 EL Olivenöl

Für den Rucola-Salat den **Rucola** waschen, trocken schleudern und auf zwei Teller geben. **Zwiebel** schälen und in Spalten schneiden. **Kirschtomaten** waschen, halbieren und mit der Zwiebel auf dem Rucola verteilen. • Für die Trüffel-Aioli die **Knoblauchzehe** schälen, fein hacken, mit etwas **Salz** bestreuen und mit der Messerklinge zerreiben. In eine Schale geben, **Mayonnaise, Trüffelöl** und 1 EL **Balsamico-Essig** hinzugeben und verrühren. Mit **Salz** abschmecken und beiseitestellen. • Den Backofen auf 90 °C Ober-/Unterhitze vorheizen. • Für die Tagliata die **Rumpsteaks** von beiden Seiten mit **Salz** und **Pfeffer** würzen. **Öl** in einer beschichteten Pfanne gut erhitzen und das Fleisch darin von jeder Seite 2 Minuten scharf anbraten. Auf ein Backblech geben und im vorgeheizten Ofen etwa 5 Minuten ruhen lassen. • Inzwischen die **Avocado** schälen, entsteinen und in daumendicke Spalten schneiden. **Chili** entkernen, waschen und hacken. Die Fleischpfanne wieder erhitzen, Avocado und Chili darin scharf anbraten, mit 2 EL **Balsamico-Essig** ablöschen und mit **Honig** beträufeln. Alles gut durchschwenken, **Olivenöl, Zitronensaft** und **Zitronenschale** hinzugeben und mit **Salz** abschmecken. • Die Rumpsteaks aus dem Backofen nehmen und kurz ruhen lassen. Die warme Avocado auf den Rucola-Salat-Tellern verteilen. Das Fleisch quer zur Faser in 0,5–1 cm dünne Scheiben schneiden und dachziegelartig auf dem Salat anrichten. Dann etwas **Pfeffer** grob darübermahlen und die Trüffel-Aioli in kleinen Klecksen dazugeben.



glutenfrei

**TIPP** Tagliata bedeutet so viel wie „schneiden", hier ist also „dünn geschnittenes Fleisch" gemeint. Dazu passt am besten knuspriges Ciabatta oder auch geröstetes, selbst gebackenes Toastbrot (siehe Seite 156).

# LACHS SASHIMI-STYLE MIT
## Hummuscreme „Umami"

2 PERSONEN

25–30 MINUTEN

**HUMMUSCREME**
200 g Kichererbsen aus der Dose
1 EL Tahin (Sesammus)
1 TL Tandoori-Paste
2 EL süße Chilisauce
2 Msp. geräuchertes Paprikapulver
Saft von ½ Zitrone

**LACHS**
5 EL helle Sesamsaat
300 g frisches Lachsfilet ohne Haut (Sashimi-Qualität)
4 EL geröstetes Sesamöl
1 Frühlingszwiebel

**UMAMI-SAUCE**
1 kleine Knoblauchzehe
3 EL Sojasauce
2 EL Teriyaki-Sauce
½ TL Wasabipaste

AUS DEM VORRAT
4 EL Olivenöl
Salz
2 TL kalte Butter

Den Backofen auf 80 °C Ober-/Unterhitze vorheizen. • Für die Hummuscreme **Kichererbsen** abgießen, abbrausen, kurz abtropfen lassen und in einen Topf geben. **Olivenöl, Tahin, Tandoori-Paste, Chilisauce, Paprikapulver,** etwas **Salz** und 100 ml Wasser dazugeben, einmal aufkochen und mit dem Stabmixer fein pürieren. Mit **Zitronensaft** und **Salz** abschmecken und je nach Konsistenz noch etwas heißes Wasser einarbeiten. 1 TL kalte **Butter** hinzufügen und noch mal 1–2 Minuten gut durchmixen. Hummuscreme warm halten. • Für den Lachs **Sesam** auf einen Teller streuen. **Lachsfilet** säubern, trocken tupfen, von beiden Seiten mit **Salz** würzen und im Sesam wenden. **Sesamöl** in einer Pfanne stark erhitzen und das Fischfilet darin von beiden Seiten je 1 Minute sehr scharf anbraten. Auf ein Backblech geben und kurz in den vorgeheizten Ofen schieben, bis der Lachs innen leicht glasig gegart ist. • Währenddessen für die Umami-Sauce die **Knoblauchzehe** schälen, fein hacken, mit **Sojasauce, Teriyaki-Sauce** und **Wasabipaste** in einen kleinen Topf geben, aufkochen und auf die Hälfte einköcheln lassen. Zum Schluss 1 TL kalte **Butter** unterrühren. • **Frühlingszwiebel** putzen, waschen und in feine Ringe schneiden. Die warme Hummuscreme mittig auf zwei Tellern kreisförmig verstreichen. Am Rand rundherum mit Umami-Sauce beträufeln. Den Lachs grob in Stücke teilen und auf der Hummuscreme anrichten. Das Bratöl aus der Pfanne darüberträufeln und mit Frühlingszwiebelringen garnieren.

# HÄHNCHENSCHNITZEL AL LIMONE

## mit Pesto-Kartoffeln

2 PERSONEN

25 MINUTEN
(ohne Pesto)

**PESTO-KARTOFFELN**
300 g festkochende Kartoffeln
2 EL Basilikumpesto (siehe Seite 111; alternativ Fertigprodukt)

**HÄHNCHENSCHNITZEL**
2 Biohähnchenbrustfilets ohne Haut (à 150 g)
8 dünne Scheiben Parmaschinken
75 ml Weißwein (alternativ Gemüsebrühe)
Saft von 1 Zitrone

AUS DEM VORRAT
Salz
1 EL Weizenmehl Type 405
schwarzer Pfeffer aus der Mühle
1 EL Butter
2 EL Olivenöl
1 TL heller Balsamico-Essig

Den Backofen auf 80 °C Ober-/Unterhitze vorheizen. • Für die Pesto-Kartoffeln die **Kartoffeln** schälen, in daumendicke Stücke schneiden, in einen Topf geben, knapp mit Wasser bedecken, **salzen,** zum Kochen bringen und 10–15 Minuten gar kochen. • Währenddessen für die Hähnchenschnitzel das **Mehl** auf einen Teller streuen. **Hähnchenfilets** abbrausen, trocken tupfen, quer zur Faser halbieren und von beiden Seiten mit **Salz** und **Pfeffer** würzen. Dann mit je zwei Scheiben **Parmaschinken** umwickeln und im Mehl wenden, überschüssiges Mehl abklopfen. **Butter** und **Olivenöl** in einer Pfanne erhitzen und die Hähnchenschnitzel darin von beiden Seiten je 2 Minuten scharf anbraten. Auf ein Backblech geben und im vorgeheizten Ofen kurz nachgaren lassen. • Bratensatz mit **Weißwein** ablöschen und unter Rühren lösen. **Zitronensaft** hinzugeben, aufkochen und abschmecken. • Inzwischen die Kartoffeln in ein Sieb abgießen, kurz abtropfen lassen, zurück in den Topf geben, **Pesto** dazugeben und vorsichtig vermengen. • Die Hähnchenschnitzel zurück in die Pfanne geben und in der Sauce wenden. Auf zwei Teller geben, mit der Zitronensauce aus der Pfanne beträufeln und die Pesto-Kartoffeln daneben anrichten.

# FISCHBURGER MIT BACON
## und Rucola-Mayo

2 PERSONEN

25 MINUTEN
(ohne Buns)

**FISCHFRIKADELLEN**
- 350 g Lachs- oder Seelachsfilet ohne Haut
- 1 TL Crème fraîche
- 2 EL Semmelbrösel (nach Bedarf etwas mehr)
- 1 kleines Bioei
- 50 g Frühstücksbacon in Scheiben

**BUNS UND RUCOLA-MAYO**
- 2 große Brioche-Burger-Buns (siehe Seite 155; alternativ gekaufte)
- 2 EL weiche Kräuterbutter
- 1 große Handvoll Rucola
- 1 Handvoll Kartoffelchips
- 2 EL Mayonnaise (80 % Fett)
- 2 TL Zitronensaft

AUS DEM VORRAT
Salz
schwarzer Pfeffer aus der Mühle
1 EL Butter
2 EL Olivenöl
1 EL heller Balsamico-Essig

Für die Fischfrikadellen das **Fischfilet** säubern, abbrausen, gut trocken tupfen, in kleine Würfel schneiden und in eine Schüssel geben. **Crème fraîche, Semmelbrösel** und **Ei** hinzugeben, alles gut verkneten und mit **Salz** und **Pfeffer** würzen. Sollte die Mischung zu weich sein, noch etwa 1 EL **Semmelbrösel** einarbeiten. Die Masse halbieren und zu zwei flachen Frikadellen formen. • **Butter** und **Olivenöl** in einer Pfanne erhitzen. Fischfrikadellen in die Pfanne legen und **Bacon-Scheiben** drumherum verteilen. Frikadellen von beiden Seiten jeweils 3–4 Minuten goldgelb braten, bis sie gar sind, dann auf einen Teller legen. Den Bacon beim Braten öfter wenden und auf Küchenpapier abtropfen lassen. • Die **Burger Buns** aufschneiden, alle Schnittflächen mit **Kräuterbutter** bestreichen, mit den Schnittflächen nach unten in die Frikadellenpfanne legen und knusprig rösten. • Inzwischen den **Rucola** waschen und trocken schütteln. **Kartoffelchips** grob zerdrücken. • Drei bis vier Rucola-Blätter fein schneiden und in eine Schale geben. **Mayonnaise, Balsamico-Essig,** etwas **Salz** und **Pfeffer** hinzufügen und zu einer Rucola-Mayo verrühren. • Die Schnittflächen der gerösteten Bun-Hälften mit Rucola-Mayo bestreichen. Auf den unteren Bun-Hälften die Rucola-Blätter verteilen. Je eine Fischfrikadelle daraufsetzen, mit je 1 TL **Zitronensaft** beträufeln, mit Bacon-Scheiben belegen und die Kartoffelchips darübergeben. Dann die oberen Bun-Hälften auflegen, auf zwei Teller geben, nach Belieben mit Holzspießchen fixieren und genießen.

# SCHLEMMERFILET
## mit Parmesanspinat

2 PERSONEN

20 MINUTEN
plus ca. 25 Minuten Backzeit

**SCHLEMMERFILET**
2 Seelachsfilets ohne Haut (à 150 g)
1 Knoblauchzehe
2 EL weiche Kräuterbutter
1 TL getrocknete Kräuter der Provence
2 EL frisch geriebener Parmesan
1 EL geriebener Cheddar
3 EL Panko (grobe Brotbrösel)
Saft von ½ Zitrone

**PARMESANSPINAT**
300 g Babyspinat
1 kleine Zwiebel
150 g Sahne
1 EL Crème fraîche
70 g frisch geriebener Parmesan

AUS DEM VORRAT
Salz
schwarzer Pfeffer aus der Mühle
1 TL Butter

Den Backofen auf 180 °C Ober-/Unterhitze vorheizen. • Für das Schlemmerfilet die **Seelachsfilets** säubern, abwaschen, gut trocken tupfen, mit **Salz** würzen und in eine kleine Auflaufform legen. • **Knoblauchzehe** schälen, in eine Schüssel pressen und mit der **Kräuterbutter** verrühren. **Kräuter der Provence, Parmesan** und **Cheddar** untermengen, dann die **Panko-Brösel** einarbeiten und mit **Salz** und **Pfeffer** würzen. Die Masse auf den Fischfilets verteilen und im vorgeheizten Ofen auf der mittleren Schiene etwa 25 Minuten goldgelb überbacken. • Etwa 15 Minuten vor Ende der Backzeit für den Parmesanspinat den **Babyspinat** waschen und trocken schleudern. **Zwiebel** schälen und fein würfeln. **Butter** in einer Pfanne aufschäumen lassen und die Zwiebeln darin farblos anschwitzen. Spinat dazugeben, abdecken, leicht zusammenfallen lassen, dann vermischen. **Sahne** zugießen und einmal aufkochen. **Crème fraîche** und **Parmesan** hinzufügen, gut vermengen und mit **Salz** und **Pfeffer** abschmecken. • Die Auflaufform aus dem Ofen nehmen, das Schlemmerfilet mit **Zitronensaft** beträufeln. Den Parmesanspinat auf zwei vorgewärmten Tellern verteilen und die Schlemmerfilets daneben anrichten.

**TIPP** Babyspinat gibt es auch gebrauchsfertig geputzt, gewaschen und abgepackt im Supermarkt, sodass man Zeit sparen kann.

# WÜRZIGE OFEN-KÖFTE MIT DIP
## und knusprigem Pfannenbrot

2 PERSONEN

40 MINUTEN
plus ca. 40 Minuten Ruhezeit

**PFANNENBROTE**

1 Pck. Trockenhefe (7 g)
1 Msp. gerebelter Oregano

**BELAG**

1 kleine rote Zwiebel
½ Romana-Salatherz

**OFEN-KÖFTE**

1 Knoblauchzehe
1 kleine Zwiebel
300 g Lamm- oder Rinderhackfleisch
1 Msp. gemahlener Kreuzkümmel (Cumin)
1 Msp. gemahlener Zimt
¼ TL edelsüßes Paprikapulver

**JOGHURT-DIP**

1 kleine Knoblauchzehe
1–2 Minzeblätter
150 g griechischer Joghurt Natur (10 % Fett)
1 EL Zitronensaft

AUS DEM VORRAT

250 g Weizenmehl Type 550 oder 405 plus etwas zum Bestäuben
3 ½ EL Olivenöl
Salz
1 TL Zucker
1 TL Tomatenmark
schwarzer Pfeffer aus der Mühle
1 EL neutrales Pflanzenöl (z. B. Sonnenblumenöl) plus etwas zum Einfetten

Für die Pfannenbrote **Mehl,** 150 ml handwarmes Wasser, 1 EL **Olivenöl, Trockenhefe,** ¼ TL **Salz, Zucker** und **Oregano** in eine Rührschüssel geben und mit den Knethaken des Handrührgeräts 7–8 Minuten kräftig kneten. Abdecken und den Teig bei Raumtemperatur 30 Minuten gehen lassen. • Den aufgegangenen Teig halbieren, auf einer **bemehlten** Arbeitsfläche jeweils zu etwa 2 cm dicken runden Fladen ausrollen und etwa 10 Minuten ruhen lassen. • In der Zwischenzeit für den Belag die **Zwiebel** schälen und in dünne Spalten schneiden. **Salat** in Blätter zerteilen, waschen, trocken schütteln und grob zerzupfen. Beiseitestellen. • 1 EL **Olivenöl** in einer Pfanne erhitzen, einen Teigfladen hineinlegen und bei mittlerer Hitze etwa 8 Minuten goldbraun backen, dabei öfter wenden. Auf ein Küchengitter legen und auf die gleiche Weise den zweiten Fladen backen. • Inzwischen den Backofengrill auf höchster Stufe vorheizen. • Während die Brote backen, für die Ofen-Köfte die **Knoblauchzehe** schälen und in eine Schüssel pressen. **Zwiebel** schälen, fein hacken und mit **Hackfleisch, Gewürzen** und **Tomatenmark** hinzugeben. Mit **Salz** und **Pfeffer** würzen und zu einem gebundenen Fleischteig verkneten. Mit nassen Händen vier längliche Köfte formen, auf je einen Schaschlikspieß ziehen und gut andrücken. Mit **Öl** bepinseln, auf ein **geöltes** Backblech legen und unter dem vorgeheizten Backofengrill 8–10 Minuten grillen, dabei einmal wenden. • Inzwischen für den Joghurt-Dip die **Knoblauchzehe** schälen und in eine Schüssel pressen. **Minze** waschen, trocken tupfen, sehr fein hacken und dazugeben. **Joghurt, Zitronensaft,** ½ EL **Olivenöl** und eine Prise **Salz** einrühren. • Die knusprigen Pfannenbrote auf zwei Teller legen, Zwiebelspalten und Salat darauf verteilen. Die Ofen-Köfte darauflegen und mit Joghurt-Dip toppen.

# FISCHFILET IM KOKOS-KNUSPERMANTEL

## mit Tomatensalsa

2 PERSONEN

20–25 MINUTEN

**FISCH**

2 Fischfilets ohne Haut (à 175 g; z. B. Zander, Kabeljau, Rotbarsch)
1 Bioei
60 g Kokosraspel
1 EL geröstetes Sesamöl

**TOMATENSALSA**

100 g Kirschtomaten
2 Frühlingszwiebeln
30 g Cashewkerne
Saft von ½ Limette

AUS DEM VORRAT
Salz
2 EL Butter
1 Prise Zucker
schwarzer Pfeffer aus der Mühle

Den Backofen auf 80 °C Ober-/Unterhitze vorheizen. • Für den Fisch die **Fischfilets** säubern, abwaschen, trocken tupfen und von beiden Seiten mit **Salz** würzen. Das **Ei** in einem tiefen Teller verquirlen. **Kokosraspel** auf einen zweiten Teller streuen. Fischfilets erst durch das Ei ziehen, dann in den Kokosraspeln wenden. • **Sesamöl** und **Butter** in einer Pfanne erhitzen und die panierten Fischfilets darin von beiden Seiten je 3 Minuten goldbraun und knusprig braten. Auf ein Backblech legen und im vorgeheizten Ofen warm halten. • In der Zwischenzeit für die Tomatensalsa die **Kirschtomaten** waschen und vierteln. Die **Frühlingszwiebeln** putzen, waschen und in Röllchen schneiden. • Die Fischpfanne mit Küchenpapier auswischen, erneut erhitzen und die **Cashewkerne** darin kurz anrösten. Kirschtomaten und Frühlingszwiebeln hinzugeben, kurz anrösten und durchschwenken. Mit **Limettensaft, Zucker, Salz** und **Pfeffer** abschmecken. • Knusprige Fischfilets auf zwei Teller legen und Tomatensalsa daneben anrichten.

**TIPP** Wer mag, mischt noch etwas grob gehackten Koriander unter die Tomatensalsa.



glutenfrei

# KROSSER SCHWEINEBAUCH MIT WASABIGURKEN

## und Teriyaki-Creme

2 PERSONEN

30 MINUTEN

plus 45 Minuten Garzeit und Ruhezeit

**SCHWEINEBAUCH**

2 Lorbeerblätter
2 Gewürznelken
1 TL schwarze Pfefferkörner
4 Scheiben Bioschweinebauch ohne Schwarte und Knochen (à ca. 75 g)
1 Knoblauchzehe
2 EL Teriyaki-Sauce
2 EL Sriracha-Sauce
½ TL frisch geriebener Ingwer
1 TL Speisestärke
1 Stängel Koriander
½ Limette

**WASABIGURKEN**

1 Salatgurke
1 TL Wasabipaste

**TERIYAKI-CREME**

1 EL Mayonnaise (80 % Fett)
1 EL BBQ-Sauce
1 EL Teriyaki-Sauce
½ TL Wasabipaste

AUS DEM VORRAT

Salz
7 EL heller Balsamico-Essig
1 Prise Zucker
500 ml neutrales Pflanzenöl

Für den Schweinebauch 1 Liter Wasser mit 2 TL **Salz, Lorbeerblättern, Gewürznelken, Pfefferkörnern** und 2 EL **Balsamico-Essig** in einem Topf aufkochen. **Schweinebauchscheiben** in den Sud geben und bei niedriger Hitze 45 Minuten sanft ziehen lassen. Dann herausnehmen und gut trocken tupfen. • Inzwischen für die Wasabigurken die **Salatgurke** waschen, ungeschält längs halbieren, mit einem Löffel entkernen und in etwa 1 cm kleine Würfel schneiden. In eine Schüssel geben, mit 1 TL **Salz** vermengen und 10 Minuten ziehen lassen. • 5 EL **Balsamico-Essig, Wasabipaste** und eine Prise **Zucker** in einer Schüssel verrühren. Gurkenwürfel ausdrücken, zur Wasabimarinade geben, vermengen und 10 Minuten ziehen lassen. Dann die Flüssigkeit abgießen, noch mal abschmecken, in zwei Schalen füllen und beiseitestellen. • Für die Teriyaki-Creme **Mayonnaise, BBQ-Sauce, Teriyaki-Sauce** und **Wasabipaste** in einer Schale glatt rühren und beiseitestellen. • **Knoblauchzehe** schälen und in eine Schale pressen. Teriyaki-Sauce, **Sriracha-Sauce, Ingwer** und **Speisestärke** hinzufügen, verrühren und Schweinebauchscheiben damit von beiden Seiten einstreichen. • **Öl** in einem Frittiertopf auf 175 °C erhitzen. Fleischscheiben darin 4 Minuten frittieren und herausnehmen. Frittieröl auf 180 °C erhitzen und das Fleisch erneut frittieren, bis es knusprig ist. Auf ein Küchengitter geben und abtropfen lassen. • **Koriander** waschen, trocken schütteln und die Blätter abzupfen. **Limettenhälfte** in Spalten schneiden. Die krossen Schweinebauchscheiben auf zwei Teller geben, mit Koriander bestreuen, daneben einen Klecks Teriyaki-Creme setzen und mit Limettenspalten zum Beträufeln servieren. Dazu die Wasabigurken reichen.

# FILETSCHNITZEL MIT BACON, PILZEN UND GOUDASAUCE

2 PERSONEN

25 MINUTEN

**BACON-PILZE UND FILETSCHNITZEL**

60 g Frühstücksbacon in Scheiben
200 g gemischte Pilze (z. B. Champignons, Austernpilze)
1 kleine Zwiebel
1 Knoblauchzehe
4–5 Schnittlauchhalme (oder 1 Stängel glatte Petersilie)
250 g Bioschweinefilet am Stück
¼ TL geräuchertes Paprikapulver

**GOUDASAUCE**

50 ml Instant-Gemüsebrühe
100 g Sahne
60 g Gouda
1 Spritzer Zitronensaft

AUS DEM VORRAT

1 EL Weizenmehl Type 405
Salz
schwarzer Pfeffer aus der Mühle
2 EL Olivenöl

Den Backofen auf 80 °C Ober-/Unterhitze vorheizen. • Für die Bacon-Pilze den **Bacon** in feine Streifen schneiden. **Pilze** säubern und grob würfeln. **Zwiebel** und **Knoblauchzehe** schälen und fein hacken. Den **Schnittlauch** waschen, trocken schütteln und in Röllchen schneiden. • Für die Filetschnitzel **Mehl** auf einen Teller streuen. Das **Schweinefilet** in acht dünne Scheiben schneiden, rundum mit **Salz** und **Pfeffer** würzen und im Mehl wenden. Überschüssiges Mehl abklopfen. **Olivenöl** in einer Pfanne erhitzen und die Filetschnitzel darin von jeder Seite 2 Minuten scharf anbraten. Auf ein Backblech geben und im vorgeheizten Ofen warm halten. • Bacon, Pilze, Zwiebeln und Knoblauch in dieselbe Pfanne geben und gut anbraten, dabei immer wieder durchschwenken. Mit **Paprikapulver, Salz** und **Pfeffer** abschmecken. • Für die Goudasauce **Gemüsebrühe** und **Sahne** in einem Topf aufkochen. **Gouda** reiben, hinzugeben und mit dem Stabmixer fein mixen, bis sich der Käse aufgelöst hat. Die Sauce nicht mehr kochen lassen und mit **Salz, Pfeffer** und **Zitronensaft** abschmecken. • Bacon-Pilze auf zwei Teller verteilen und Filetschnitzel darauf anrichten. Mit Goudasauce beträufeln und mit Schnittlauch bestreuen.



frei von raffiniertem Zucker

# Gönn Dir

# EINTÖPFE & SUPPEN

HEISSGELIEBT UND
GERN GELÖFFELT

# SÜSSKARTOFFEL-EINTOPF MIT PILZEN

## BBQ-Style

## 2 PERSONEN

200 g Süßkartoffel
50 g Frühstücksbacon in Scheiben
150 g Champignons oder Kräuterseitlinge
200 ml Instant-Gemüsebrühe
2 Msp. geräuchertes Paprikapulver plus etwas zum Bestäuben
2 EL Crème fraîche
60 g Cheddar
1 Stängel glatte Petersilie

AUS DEM VORRAT
1 EL Olivenöl
Salz
schwarzer Pfeffer aus der Mühle
1 EL heller Balsamico-Essig

## 15 MINUTEN

plus ca. 8 Minuten Garzeit

Die **Süßkartoffel** schälen und in 1,5 cm große Stücke schneiden. **Bacon** in Streifen schneiden. **Pilze** putzen und vierteln. • **Olivenöl** in einem Topf erhitzen. Süßkartoffeln und Bacon hineingeben und 3–4 Minuten anbraten. Pilze dazugeben, mit **Salz** und **Pfeffer** würzen, kurz anbraten und **Gemüsebrühe** angießen, sodass alles bedeckt ist. Den Deckel auflegen und etwa 8 Minuten kochen, die Flüssigkeit sollte danach größtenteils verdampft sein. • **Paprikapulver** und **Crème fraîche** einrühren und 2–3 Minuten weiterköcheln lassen. • Inzwischen den **Cheddar** grob reiben. Die **Petersilie** abbrausen, trocken schütteln und hacken. • Den Süßkartoffel-Eintopf zum Schluss mit **Balsamico-Essig** verfeinern, noch mal abschmecken und auf zwei Bowls verteilen. Cheddar darüberstreuen, leicht mit **Paprikapulver** bestäuben und mit Petersilie garnieren.

glutenfrei, frei von raffiniertem Zucker

# BOHNENTOPF MIT Birne und Speck

## 2 PERSONEN

## 15 MINUTEN

plus 10–15 Minuten Garzeit

1 kleine Zwiebel
70 g geräucherter Bauchspeck in Scheiben
1 festkochende Kartoffel (ca. 100 g)
300 g grüne Bohnen
1 kleine Karotte
300–400 ml Instant-Gemüsebrühe
2 Zweige frischer Thymian
1 Stängel frisches Bohnenkraut
1 kleines Lorbeerblatt
1 reife Birne
2 TL Crème fraîche

AUS DEM VORRAT
1 EL Butter
Salz
schwarzer Pfeffer aus der Mühle

**Zwiebel** schälen und hacken. Den **Bauchspeck** klein würfeln. **Kartoffel** schälen, in etwa 1 cm kleine Würfel schneiden und in eine Schüssel mit kaltem Wasser legen. Die **Bohnen** putzen, waschen und in etwa 5 cm lange Stücke schneiden. **Karotte** schälen und in dünne Scheiben schneiden. • **Butter** in einem Topf aufschäumen lassen, Zwiebeln und Speck darin 2–3 Minuten anbraten. Kartoffeln abgießen, mit Bohnen und Karotten dazugeben und so viel **Gemüsebrühe** angießen, dass alles bedeckt ist. **Thymian** und **Bohnenkraut** waschen und mit dem **Lorbeerblatt** in den Topf geben. Den Deckel auflegen und 10–15 Minuten köcheln lassen, bis die Kartoffeln gar sind, dabei je nach Bedarf noch etwas **Gemüsebrühe** nachgießen. • Inzwischen die **Birne** waschen, halbieren, entkernen und in fingerdicke Spalten schneiden. 5 Minuten vor Ende der Garzeit in den Topf geben und mitkochen. Zum Schluss die Kräuter entfernen und mit **Salz** und **Pfeffer** abschmecken. • Den Bohneneintopf in zwei Bowls füllen und mit je einem Klecks **Crème fraîche** garnieren.



glutenfrei, frei von raffiniertem Zucker

# CREMIGE KÜRBISSUPPE

## mit Aprikosen und Maronen

### 2 PERSONEN

150 g Hokkaido-Kürbis
50 g getrocknete Soft-Aprikosen
70 g vorgegarte Maronen (vakuumverpackt oder aus dem Glas)
½ rote Chili
100 ml weißer Traubensaft
300 ml Instant-Gemüsebrühe
1 Msp. gemahlener Zimt
1 Msp. mildes Currypulver
Saft von 1 Limette

AUS DEM VORRAT
2 EL kalte Butter
1 ½ TL Zucker
Salz
schwarzer Pfeffer aus der Mühle

### 15–20 MINUTEN

plus 10 Minuten Garzeit

Den **Kürbis** entkernen, waschen und in kleine Würfel schneiden (Hokkaido muss nicht geschält werden). **Aprikosen** würfeln, **Maronen** ebenfalls würfeln und etwas mehr als die Hälfte davon (40 g) beiseitelegen. **Chili** entkernen, waschen und in Ringe schneiden. • 1 EL **Butter** in einem Topf aufschäumen. Kürbis, Aprikosen, 30 g Maronenwürfel sowie Chiliringe hinzugeben, mit 1 TL **Zucker** bestreuen und anschwitzen. Dann mit **Traubensaft** ablöschen, **Gemüsebrühe** angießen, aufkochen und etwa 10 Minuten köcheln lassen, bis der Kürbis weich ist. • Inzwischen für die karamellisierten Maronen ½ EL **Butter** in einer kleinen Pfanne aufschäumen lassen. Die beiseitegelegten Maronen hineingeben, ½ TL **Zucker** darüberstreuen und karamellisieren. • Die Suppe mit **Zimt, Currypulver,** etwas **Salz** und **Pfeffer** würzen. ½ EL kalte **Butter** hinzugeben und mit dem Stabmixer fein pürieren. Noch mal abschmecken und mit **Limettensaft** verfeinern. • Cremige Kürbissuppe in zwei Bowls füllen, mit den karamellisierten Maronen toppen und genießen.

vegetarisch, glutenfrei

# SAMTIGE KARTOFFELSUPPE MIT GARNELEN UND TRÜFFEL

2 PERSONEN

15 MINUTEN
plus ca. 10 Minuten Garzeit

1 Schalotte
1 Knoblauchzehe
1–2 mehligkochende Kartoffeln (ca. 100 g)
400 ml Instant-Gemüsebrühe
100 g geschälte rohe Garnelen
25 g Parmesan
200 g Sahne
2 EL Crème fraîche
2–4 EL Trüffelöl (nach Geschmack)

AUS DEM VORRAT
2 EL Butter
Salz
schwarzer Pfeffer aus der Mühle

**Schalotte** und **Knoblauchzehe** schälen, fein hacken, mit 1 EL **Butter** in einen Topf geben und 2–3 Minuten farblos anschwitzen. • Währenddessen **Kartoffeln** schälen, in kleine Würfel schneiden und kurz mitdünsten. **Gemüsebrühe** angießen, den Deckel auflegen und etwa 10 Minuten weich kochen. • Inzwischen die **Garnelen** unter fließendem Wasser säubern, trocken tupfen und in Stücke schneiden. **Parmesan** fein reiben. • Nach der Garzeit 1 EL **Butter** in einer Pfanne aufschäumen lassen und die Garnelen darin 1–2 Minuten kräftig anbraten. Mit **Salz** abschmecken. • Währenddessen Parmesan, **Sahne** und **Crème fraîche** zur Suppenmischung geben und mit dem Stabmixer fein pürieren. Mit **Salz** und **Pfeffer** abschmecken und mit **Trüffelöl** verfeinern. • Die samtige Kartoffelsuppe in zwei Bowls füllen und die gebratenen Garnelen darüber verteilen.

**TIPP** Wer mag, kann noch etwas fein gewürfelte Trüffel aus dem Glas auf die Suppe geben.



glutenfrei, frei von raffiniertem Zucker

# SÜSSSAURE ASIA-SUPPE
## mit Chicken

2 PERSONEN

20 MINUTEN
plus ca. 10 Minuten Garzeit

½ rote Paprika
1 kleine Karotte
1 Baby-Pak-Choi
4 frische Shiitake-Pilze (alternativ Champignons)
2 Knoblauchzehen
½ rote Chili
ca. 3-cm-Stück Ingwer
1 Frühlingszwiebel
2 Biohähnchenbrustfilets ohne Haut (à 130 g)
2 EL geröstetes Sesamöl (alternativ Maiskeimöl)
4 EL Sojasauce
5 EL süße Chilisauce
50 g passierte Tomaten
500 ml Instant-Geflügelbrühe
40 g asiatische Mie-Nudeln
½ TL Speisestärke
1 frisches Bioei

AUS DEM VORRAT
Salz
schwarzer Pfeffer aus der Mühle
5 EL heller Balsamico-Essig
1 TL Zucker
schwarzer Pfeffer aus der Mühle

**Paprika** entkernen, waschen und in kleine Würfel schneiden. Die **Karotte** schälen und in dünne Scheiben schneiden. **Pak Choi** waschen, längs halbieren und in Spalten schneiden. **Pilze** putzen und grob in Stücke schneiden. **Knoblauchzehen** schälen und fein hacken. **Chili** entkernen, waschen und in Ringe schneiden. **Ingwer** schälen und fein hacken. **Frühlingszwiebel** putzen, waschen und in dünne Ringe schneiden. • **Hähnchenfleisch** abbrausen, trocken tupfen, quer zur Faser in fingerbreite Scheiben schneiden und mit **Salz** und **Pfeffer** würzen. **Sesamöl** in einem Topf erhitzen und das Hähnchenfleisch darin kurz, aber scharf anbraten. Auf einen Teller geben. • Paprika, Karotten, Pak Choi und Pilze in den Topf geben und 3–5 Minuten kräftig anbraten. Knoblauch, Chili und Ingwer zugeben und kurz mitrösten. Mit **Balsamico-Essig** und **Sojasauce** ablöschen. **Chilisauce** und **Tomaten** einrühren, **Geflügelbrühe** angießen, aufkochen und mit **Zucker, Salz** und **Pfeffer** abschmecken. • Angebratenes Hähnchenfleisch und **Nudeln** hinzugeben und etwa 10 Minuten sanft köcheln lassen. • Die **Speisestärke** mit ganz wenig kaltem Wasser anrühren, in die Suppe rühren und leicht binden. Das **Ei** verquirlen, zügig unter die Suppe rühren und stocken lassen. Zum Schluss noch mal abschmecken. • Die süßsaure Suppe in zwei Bowls füllen und mit den Frühlingszwiebeln bestreuen.

laktosefrei

# BASILIKUMSUPPE MIT GROBEM SENF UND PARMESAN

2 PERSONEN

15 MINUTEN

**BASILIKUMSUPPE**

1 Schalotte
1 Knoblauchzehe
1 EL Kräuterbutter
40 g Parmesan
1 Bund Basilikum
300 ml Instant-Gemüsebrühe
200 g Sahne
1 EL grobkörniger Senf

**CROÛTONS**

3 Scheiben Toastbrot (z. B. selbst gemachtes, siehe Seite 156)
1 EL Kräuterbutter

AUS DEM VORRAT
Salz
1 TL Weizenmehl Type 405
schwarzer Pfeffer aus der Mühle

Für die Basilikumsuppe **Schalotte** und **Knoblauchzehe** schälen und sehr fein hacken. **Kräuterbutter** in einem Topf erhitzen, Schalotten und Knoblauch darin 3–4 Minuten farblos weich dünsten. • Inzwischen den **Parmesan** fein reiben. **Basilikum** waschen, die unteren Stängelteile entfernen und grob schneiden. • Für die Croûtons das **Toastbrot** von der Rinde befreien und in kleine Würfel schneiden. Die **Kräuterbutter** in einer Pfanne bei mittlerer Hitze aufschäumen lassen und die Brotwürfel darin langsam knusprig rösten, dabei gelegentlich wenden und nach Geschmack **salzen.** • **Mehl** über die Schalottenmischung stäuben und kurz anschwitzen. Nach und nach die **Gemüsebrühe** unter stetigem Rühren angießen und zum Kochen bringen. **Sahne** und **Senf** hinzufügen und einmal aufkochen. Dann Parmesan und Basilikum dazugeben und mit dem Stabmixer fein pürieren. Suppe mit **Salz** und **Pfeffer** abschmecken, dabei nicht mehr kochen lassen. • Basilikumsuppe in Bowls füllen und mit den Croûtons bestreut servieren.



vegetarisch

# ZITRONENGRASSUPPE
## MIT MANGO UND KOKOS

2 PERSONEN

15 MINUTEN
plus 10 Minuten Garzeit

4 Stängel Zitronengras
1 Schalotte
1 Knoblauchzehe
250 ml Instant-Gemüsebrühe
300 ml Kokosmilch
100 g Sahne
2 EL Kokosraspel
80 g Mangofruchtfleisch
¼ TL Curry-Gewürzmischung
3 EL süße Chilisauce
Saft von 1 Zitrone

AUS DEM VORRAT
2 EL kalte Butter
1 TL Weizenmehl Type 405
Salz

**Zitronengras** putzen und in feine Röllchen schneiden. **Schalotte** und **Knoblauchzehe** schälen und fein hacken. • 1 EL **Butter** in einem Topf zerlassen, Schalotten und Knoblauch darin 1–2 Minuten farblos anschwitzen. **Mehl** darüberstäuben und kurz anschwitzen. Dann mit **Gemüsebrühe** ablöschen und unter Rühren aufkochen. **Kokosmilch, Sahne** und Zitronengras zugeben und 10 Minuten sanft köcheln lassen. • Inzwischen die **Kokosraspel** in einer Pfanne ohne Fett rösten und auf einem Teller abkühlen lassen. **Mangofruchtfleisch** in mundgerechte Würfel schneiden. • Die Suppe durch ein Sieb in einen anderen Topf gießen und mit **Curry-Gewürzmischung, Chilisauce, Zitronensaft** und **Salz** abschmecken. Zum Schluss 1 EL kalte **Butter** hinzugeben und mit dem Stabmixer schaumig aufmixen. • Mangowürfel auf Bowls verteilen und die schaumige Zitronengrassuppe angießen. Mit den gerösteten Kokosraspeln bestreuen und servieren.

**TIPP** Wer mag, kann gern noch zwei getrocknete oder frische Kaffir-Limettenblätter mitkochen.

vegetarisch

# Gönn Dir

# SALATE & BOWLS

KNACKIG FRISCHE IDEEN
IM HANDUMDREHEN

# MANGO-BOWL MIT KOKOSHÄHNCHEN UND Teriyaki-Dressing

2 PERSONEN

20 MINUTEN

125 g Rucola
½ reife Mango
1 Biohähnchenbrustfilet ohne Haut (120 g)
2 EL Speisestärke
5 EL Kokosraspel
1 kleine Knoblauchzehe
2 EL Teriyaki-Sauce
2 EL süße Chilisauce
½ TL fein geriebener Ingwer
Saft von 1 Limette

AUS DEM VORRAT
Salz
schwarzer Pfeffer aus der Mühle
1 TL Weizenmehl Type 405
80 ml Sonnenblumen- oder Maiskeimöl
2 EL heller Balsamico-Essig

**Rucola** waschen und trocken schleudern. **Mango** schälen, entsteinen und in mundgerechte Würfel schneiden. • **Hähnchenbrustfilet** abbrausen, trocken tupfen, quer zur Faser in Streifen schneiden und mit **Salz** und **Pfeffer** würzen. • **Speisestärke** und **Mehl** in einer Schüssel vermischen. Nach und nach so viel eiskaltes Wasser einrühren, bis ein dickflüssiger Ausbackteig entstanden ist. **Kokosraspel** auf einen Teller streuen. • **Öl** in einer Pfanne erhitzen. Die Hähnchenstreifen erst durch den Teig ziehen, dann in den Kokosraspeln wenden und im heißen Öl rundum etwa 4 Minuten goldgelb ausbacken. Aus der Pfanne heben und auf Küchenpapier abtropfen lassen. • Inzwischen die **Knoblauchzehe** schälen und in eine Schüssel pressen. **Teriyaki-Sauce, Chilisauce, Ingwer** und **Balsamico-Essig** einrühren. Rucola zum Teriyaki-Dressing geben und vermengen. • Mango und marinierten Rucola auf zwei Bowls verteilen. Kokoshähnchen darauf anrichten und mit **Limettensaft** beträufeln.



laktosefrei

# PESTO-BOWL MIT BURRATA UND GEGRILLTER *Wassermelone*

2 PERSONEN

20 MINUTEN

**BASILIKUMPESTO**

2 EL Pinienkerne
1 Bund Basilikum
1 Knoblauchzehe
30 g Parmesan

**NUDEL-BOWL**

200 g Piccolini (Mini-Penne)
200 g Wassermelonen-fruchtfleisch
Saft von ½ Zitrone
1 Kugel Burrata (ca. 150 g)

AUS DEM VORRAT

7 EL Olivenöl plus etwas zum Beträufeln
3 EL heller Balsamico-Essig
Salz
1 EL Zucker
schwarzer Pfeffer aus der Mühle

Für das Basilikumpesto die **Pinienkerne** in einer Pfanne ohne Fett rösten und auf einem Teller abkühlen lassen. • Inzwischen das **Basilikum** waschen, gut trocken schütteln, die Blätter abzupfen und einige davon zum Garnieren beiseitestellen. **Knoblauchzehe** schälen, fein hacken und mit dem Basilikum in einen hohen Mixbecher geben. 5 EL **Olivenöl** und **Balsamico-Essig** hinzufügen und mit dem Stabmixer gut durchmixen. **Parmesan** fein reiben, unter das Pesto rühren und mit **Salz** abschmecken. • Für die Nudel-Bowl reichlich Wasser in einem Topf zum Kochen bringen, **salzen** und die **Pasta** darin nach Packungsangaben al dente garen. In ein Sieb abgießen und abtropfen lassen (nicht mit kaltem Wasser abschrecken). • In der Zwischenzeit die **Wassermelone** in daumendicke Stäbchen schneiden und rundum mit **Zucker** bestreuen. 2 EL **Olivenöl** in einer beschichteten Pfanne gut erhitzen. Die Melonenstäbchen darin kurz und scharf rundum gut karamellisieren. Aus der Pfanne nehmen und mit **Zitronensaft** beträufeln. • Lauwarme Pasta mit dem Pesto vermengen und auf zwei Bowls verteilen. Die **Burrata** halbieren, mittig daraufsetzen, mit etwas **Olivenöl** beträufeln und etwas **Pfeffer** grob darübermahlen. Die karamellisierte Wassermelone daneben anrichten und mit Basilikum garnieren.

**TIPP** Das Pesto schmeckt auch mit Rucola statt Basilikum zubereitet sehr gut.

vegetarisch

# PAPAYA-BOWL MIT HÄHNCHENSTREIFEN UND SCHARFEM *Limetten-Dressing*

2 PERSONEN

20 MINUTEN

1 Biohähnchenbrustfilet ohne Haut (120 g)
¼ TL geräuchertes Paprikapulver
¼ TL Curry-Gewürzmischung
50 g Soja- oder Mungobohnensprossen
1 mittelgroße Papaya
2 Biolimetten
1 EL Sriracha-Sauce (alternativ etwas Tabasco-Sauce)
1 Stängel Koriander
1 Romana-Salatherz

AUS DEM VORRAT
3 EL Olivenöl
Salz
schwarzer Pfeffer aus der Mühle
1 EL Butter
½ TL Zucker

**Hähnchenbrustfilet** abbrausen, trocken tupfen und quer zur Faser in Streifen schneiden. 1 EL **Olivenöl, Paprikapulver, Curry-Gewürzmischung,** etwas **Salz** und **Pfeffer** verrühren, die Marinade über das Hähnchenfleisch träufeln und vermischen. • **Butter** in einer Pfanne erhitzen und marinierte Hähnchenstreifen darin rundum anbraten, bis das Fleisch durchgebraten ist. • Inzwischen die **Sprossen** waschen und abtropfen lassen. **Papaya** halbieren, entkernen, schälen, in Spalten schneiden und mit den Sprossen in eine Schüssel geben. • **Limetten** waschen, die Schale fein abreiben und den Saft auspressen. Limettenschale und Limettensaft mit **Sriracha-Sauce,** 2 EL **Olivenöl, Zucker** und etwas **Salz** verrühren. Dressing über die Papaya-Mischung träufeln und vorsichtig vermengen. • **Koriander** waschen, trocken schütteln und die Blätter abzupfen. Die Blätter vom **Romana-Salat** abtrennen, waschen, trocken schleudern und auf Bowls verteilen. Den Papaya-Salat darauf anrichten, mit den gebratenen Hähnchenstreifen toppen und mit Koriander garnieren.



glutenfrei

# Mein unglaublicher CAESAR-SALAT

## 2 PERSONEN

## 15 MINUTEN

2 Bioeier
50 g Frühstücksbacon in Scheiben
2 Romana-Salatherzen (alternativ ½ Eisbergsalat)
1 EL Mayonnaise (80 % Fett)
1 TL Meerrettich aus dem Glas
2 Sardellenfilets aus dem Glas, abgetropft
2 EL entsteinte schwarze Oliven
30 g Parmesan

AUS DEM VORRAT
3 EL Olivenöl
2 EL heller Balsamico-Essig
½ TL Zucker
Salz
schwarzer Pfeffer aus der Mühle

**Eier** hart kochen, abgießen, kalt abschrecken, pellen und kurz abkühlen lassen. • Währenddessen 1 EL **Olivenöl** in einer Pfanne erhitzen. **Bacon** in Streifen schneiden, knusprig braten und auf Küchenpapier abtropfen lassen. Die Pfanne mit dem Bratfett beiseitestellen. • Inzwischen die **Salatherzen** in grobe Streifen schneiden, waschen, trocken schleudern und in eine Schüssel geben. • **Mayonnaise, Meerrettich, Balsamico-Essig** und 2 EL **Olivenöl** mit dem Baconbratfett aus der Pfanne verrühren. Die **Sardellen** fein hacken, zugeben und mit **Zucker,** etwas **Salz** und **Pfeffer** abschmecken. • Das Dressing über den Salat träufeln, vermischen und Salat in Schalen geben. • **Oliven** halbieren, Eier längs vierteln und beides mit dem Bacon auf dem Salat anrichten. **Parmesan** grob darüberreiben oder darüberhobeln.

**TIPP** Dazu passt geröstetes, selbst gebackenes Toastbrot (siehe Seite 156) sehr gut.

glutenfrei

# SPINATSALAT MIT TRAUBENSIRUP, LACHS UND PARMESANCRUNCH

## 2 PERSONEN

## 25–30 MINUTEN

150 g Babyspinat
100 g kernlose weiße Trauben
50 g Schafmilch-Feta (48 % Fett)
200 ml weißer Traubensaft
Saft und fein abgeriebene Schale von ½ Biolimette
40 g Parmesan
150 g frisches Lachsfilet ohne Haut
1 EL Kräuterbutter

AUS DEM VORRAT
2 EL heller Balsamico-Essig
2 EL Olivenöl
Salz

**Spinat** waschen und trocken schleudern. **Trauben** waschen, abzupfen und halbieren. **Feta** grob zerbröseln und alles in eine Schüssel geben. • **Traubensaft** und **Balsamico-Essig** in einen Topf geben und aufkochen. **Limettensaft** und **Limettenschale** hinzugeben und sirupartig einköcheln lassen. Vom Herd nehmen und den Traubensirup abkühlen lassen. • Inzwischen Backpapier rund zuschneiden und in eine Pfanne legen. Den **Parmesan** gleichmäßig fein daraufreiben und bei mittlerer Hitze langsam schmelzen lassen, bis er goldgelb gebräunt ist. Dann das Backpapier aus der Pfanne ziehen und den Parmesan aushärten lassen. • **Lachsfilet** säubern und grob in Würfel schneiden. **Kräuterbutter** in der Pfanne aufschäumen lassen und die Lachswürfel darin rundum kräftig anbraten (der Lachs sollte innen noch saftig sein). Dann mit **Salz** würzen. • **Olivenöl** in den Traubensirup rühren, mit **Salz** abschmecken, über den Spinatsalat träufeln und vermischen. Auf Bowls verteilen und die gebratenen Lachswürfel darauf anrichten. Den Parmesancrunch grob zerbröseln, darüberstreuen und servieren.

**TIPP** Als Topping schmecken knusprig gebratene Croûtons (siehe Seite 102) sehr gut.



glutenfrei, frei von raffiniertem Zucker

# MEIN WURSTSALAT
## Balsamico-Style

## 2 PERSONEN

2 Bioeier
250 g Fleischwurst oder Mortadella
2 Essiggurken
1 kleine rote Zwiebel
1 kleine Handvoll Rucola
120 g Kirschtomaten
1 Kugel Mozzarella (125 g)
1 kleine Knoblauchzehe
2 EL süße Chilisauce
1 EL Pinienkerne

AUS DEM VORRAT
3 EL dunkler Balsamico-Essig
2 EL Olivenöl
Salz
schwarzer Pfeffer aus der Mühle

## 10–15 MINUTEN

**Eier** hart kochen, abgießen, kalt abschrecken, pellen und kurz abkühlen lassen. • Währenddessen **Fleischwurst** und **Essiggurken** in feine Streifen schneiden. **Zwiebel** schälen und in dünne Spalten schneiden. **Rucola** waschen und gut trocken schütteln. **Kirschtomaten** waschen und halbieren. **Mozzarella** grob würfeln und alles in eine Schüssel geben. • **Knoblauchzehe** schälen und in eine Schüssel pressen. **Chilisauce, Balsamico-Essig** und **Olivenöl** hinzugeben und verrühren. Mit **Salz** und **Pfeffer** würzen, das Dressing über die Salatzutaten träufeln und vermischen. Den Wurstsalat kurz ziehen lassen und danach noch mal abschmecken. • **Pinienkerne** in einer kleinen Pfanne ohne Fett rösten und auf einem Teller abkühlen lassen. Die Eier vierteln. • Den Wurstsalat auf zwei Bowls verteilen und mit den Eierspalten garnieren. Mit gerösteten Pinienkernen bestreuen, etwas **Pfeffer** grob darübermahlen und genießen.

**TIPP** Geröstetes Brot passt gut dazu, zum Beispiel geröstetes, selbst gebackenes Toastbrot (siehe Seite 156).

glutenfrei

# LAUWARMER LINSENSALAT MIT TRAUBEN UND Räucherlachs

## 2 PERSONEN

## 15 MINUTEN

plus ca. 25 Minuten Garzeit

100 g Linsen (z. B. schwarze Beluga-Linsen)
1 Stängel Dill
1 EL Sahnemeerrettich aus dem Glas
1 kleine Handvoll abgezupfte kernlose weiße Trauben
1 TL Puderzucker
25 g Schafmilch-Feta (48 % Fett)
80 g Räucherlachs in Scheiben

AUS DEM VORRAT
Salz
2 EL dunkler Balsamico-Essig
3 EL Olivenöl
½ TL scharfer Senf
schwarzer Pfeffer aus der Mühle
1 Prise Zucker

Für den Linsensalat die **Linsen** in einen Topf geben, mit reichlich Wasser bedecken und nach Packungsangaben gar kochen. Zum Schluss **salzen,** abgießen und in eine Schüssel geben. • Inzwischen den **Dill** waschen, trocken schütteln, die Spitzen abzupfen und beiseitestellen. • **Sahnemeerrettich, Balsamico-Essig, Olivenöl** und **Senf** in einer Schale verrühren und mit **Salz, Pfeffer** und **Zucker** abschmecken. Das Dressing über die warmen Linsen träufeln und gut vermengen. • **Trauben** waschen und halbieren. **Puderzucker** in eine beschichtete Pfanne streuen und bei mittlerer Hitze karamellisieren. Trauben zugeben, kurz durchschwenken und karamellisieren. Aus der Pfanne nehmen. • Den lauwarmen Linsensalat auf zwei Bowls verteilen. Den **Feta** darüberbröseln, dekorativ mit dem **Räucherlachs** belegen und mit den karamellisierten Trauben toppen. Zum Schluss mit Dill garnieren.

**TIPP** Die schwarzen Beluga-Linsen eignen sich besonders gut für Salate, da sie nicht so schnell zerfallen.



glutenfrei

**TIPP** Die Zwiebeln können gut einige Tage vorher zubereitet und im Kühlschrank gelagert werden. Dazu passen warme Pita-Brote oder die knusprigen Pfannenbrote (siehe Seite 83) sehr gut, aber auch geröstetes, selbst gebackenes Toastbrot (siehe Seite 156).

# KICHERERBSEN-BOWL MIT *Gurke und Hummus*

2 PERSONEN

25 MINUTEN

**SÜSSSCHARFE ZWIEBELN**

1 kleine rote Zwiebel
1 rote Chili

**GURKEN-KICHERERBSEN-SALAT**

½ Salatgurke
120 g Kichererbsen aus der Dose, abgebraust und abgetropft
2 EL Sushi-Essig (oder heller Balsamico-Essig)
1 TL Wasabipaste
2 Stängel Koriander

**HUMMUS**

120 g Kichererbsen aus der Dose, abgebraust und abgetropft
2 EL Tahin (Sesammus)
Saft von ½ Zitrone
1 Msp. geräuchertes Paprikapulver
etwas kohlensäurehaltiges Mineralwasser

AUS DEM VORRAT

5 EL heller Balsamico-Essig
50 g Zucker plus 1 TL Zucker
Salz
4 EL Olivenöl
schwarzer Pfeffer aus der Mühle

Für die süßscharfen Zwiebeln die **Zwiebel** schälen, halbieren und in dünne Spalten schneiden. **Chili** waschen, leicht aufschneiden, mit 50 ml Wasser, **Balsamico-Essig** und 50 g **Zucker** in einen kleinen Topf geben und zum Kochen bringen. Zwiebeln hinzugeben und einmal aufkochen. Zwiebeln samt Sud in ein verschließbares Glas füllen und abkühlen lassen. • Für den Gurken-Kichererbsen-Salat die **Gurke** schälen, längs vierteln, entkernen, etwa 1 cm groß würfeln, in eine Schüssel geben und die **Kichererbsen** hinzufügen. **Sushi-Essig,** 1 TL **Zucker, Wasabipaste,** 2 EL **Olivenöl** und etwas **Salz** gut verrühren. Das Dressing über den Salat träufeln, vermischen und etwa 10 Minuten marinieren. • Inzwischen für den Hummus die **Kichererbsen** mit **Tahin, Zitronensaft,** 2 EL **Olivenöl** und **Paprikapulver** in einen Mixbecher füllen. Etwas **Mineralwasser** angießen und mit dem Stabmixer etwa 3 Minuten sehr fein pürieren. Je nach Konsistenz mehr **Mineralwasser** hinzugeben, bis eine geschmeidige Creme entstanden ist. Hummus mit **Salz** und **Pfeffer** abschmecken. • **Koriander** waschen, trocken schütteln, die Blätter abzupfen, grob hacken, unter den Gurken-Kichererbsen-Salat mischen und alles noch mal abschmecken. • Hummus auf zwei Bowls verteilen und kreisförmig verstreichen. Darauf den Salat anrichten und mit den süßscharfen Zwiebeln garnieren.

vegetarisch

# Lauwarme NIZZA-BOWL

2 PERSONEN

30 MINUTEN

**SALAT**

2 Bioeier
150 g junge grüne Bohnen (z. B. Prinzessbohnen)
1–2 Romana-Salatherzen (150 g)
6 Kirschtomaten
1 Dose Thunfisch in Olivenöl (150 g), abgetropft
30 g entsteinte schwarze Oliven

**GEBRATENE KARTOFFELN**

1 Stängel glatte Petersilie
150 g gekochte kleine Pellkartoffeln vom Vortag
1 TL Harissa-Paste oder Sambal Oelek
3 Knoblauchzehen

**SARDELLEN-DRESSING**

Saft von ½ Zitrone
2 EL Mayonnaise (80 % Fett)
1 EL Joghurt Natur (3,5 % Fett)
3 Sardellenfilets aus dem Glas, abgetropft

AUS DEM VORRAT
Salz
2 EL Olivenöl
2 EL heller Balsamico-Essig
schwarzer Pfeffer aus der Mühle
1 Prise Zucker

Für den Salat die **Eier** hart kochen, abgießen, kalt abschrecken, pellen und abkühlen lassen. • Währenddessen die **Bohnen** putzen, waschen und in sprudelnd kochendem **Salzwasser** etwa 5 Minuten bissfest blanchieren. Dann in eiskaltem Wasser abschrecken und abtropfen lassen. • Inzwischen den **Romana-Salat** grob in Streifen schneiden, waschen und trocken schleudern. **Kirschtomaten** waschen und halbieren. **Thunfisch** grob zerpflücken und **Oliven** halbieren. • Für die gebratenen Kartoffeln die **Petersilie** waschen, trocken schütteln und hacken. **Pellkartoffeln** schälen und halbieren. **Olivenöl** in einer beschichteten Pfanne erhitzen. **Harissa-Paste** einrühren, die **Knoblauchzehen** ungeschält andrücken und hinzufügen. Die Kartoffeln in die Pfanne geben, rundum anbraten und rösten, dabei öfter durchschwenken. Zum Schluss die gehackte Petersilie darüberstreuen und mit **Salz** abschmecken. Knoblauchzehen entfernen. • In der Zwischenzeit für das Sardellen-Dressing **Balsamico-Essig, Zitronensaft, Mayonnaise** und **Joghurt** verrühren und je nach Konsistenz mit 1–2 EL Wasser verdünnen. **Sardellenfilets** klein schneiden, unterrühren und mit **Salz, Pfeffer** und **Zucker** abschmecken. • Alle vorbereiteten Salatkomponenten mit den noch warmen gebratenen Kartoffeln in eine Schüssel geben, Sardellen-Dressing darüberträufeln und vermischen. Auf zwei Bowls verteilen, die Eier längs vierteln, darauf anrichten und lauwarm servieren.



glutenfrei

**TIPP** Falls keine jungen grünen Bohnen zu bekommen sind, kann man auch sehr gut TK-Prinzessbohnen verwenden. Einfach gefroren ins kochende Salzwasser geben und wie links angegeben blanchieren. Alternativ frische, große grüne Bohnen in Stücke schneiden und blanchieren.

# EIERSALAT MIT RUCOLA, *Tomaten und Bresaola*

## 2 PERSONEN

## 15 MINUTEN

4 Bioeier
100 g Rucola
150 g Kirschtomaten
2 getrocknete Soft-Tomaten
1 EL Mayonnaise (80 % Fett)
2 EL Crème fraîche
10 Scheiben Bresaola (alternativ gekochter Schinken)

AUS DEM VORRAT
2 EL heller Balsamico-Essig
2 EL Olivenöl
Salz
schwarzer Pfeffer aus der Mühle
1 Prise Zucker

**Eier** hart kochen, abgießen, kalt abschrecken, pellen und kurz abkühlen lassen. • Währenddessen den **Rucola** waschen, trocken schleudern und in eine Schüssel geben. **Kirschtomaten** waschen, halbieren und hinzufügen. 1 EL **Balsamico-Essig** und **Olivenöl** verrühren und mit **Salz, Pfeffer** und **Zucker** abschmecken. Die Vinaigrette über den Salat träufeln und vermengen. • **Soft-Tomaten** klein hacken und in eine Schüssel geben. **Mayonnaise, Crème fraîche** und 1 EL **Balsamico-Essig** zugeben, vermengen und mit **Salz** und **Pfeffer** abschmecken. Eier hacken, zur Mayonnaise-Mischung geben und unterheben. • Rucola-Tomaten-Mischung auf zwei Bowls verteilen. Den Eiersalat daneben anrichten, die **Bresaola-Scheiben** locker kräuseln, dekorativ daraufsetzen und servieren.

glutenfrei

# SOMMERLICHER PARTYSALAT MIT *Melone*

## 2–4 PERSONEN

## 20 MINUTEN

plus ca. 60 Minuten Kühlzeit

**SALAT**

¼ kleiner Eisbergsalat
1 kleiner Apfel
½ Salatgurke
2 Stangen Staudensellerie
50 g Ananasfruchtfleisch
75 g Wassermelonenfruchtfleisch
2 Bioeier
80 g Räucherlachs in Scheiben

**CURRY-DRESSING**

2–3 EL Mayonnaise (80 % Fett)
1 EL Joghurt Natur (3,5 % Fett)
¼ TL Curry-Gewürzmischung

AUS DEM VORRAT
2 EL heller Balsamico-Essig
Salz
schwarzer Pfeffer aus der Mühle
1 Prise Zucker

Für den Salat den **Eisbergsalat** grob in Streifen schneiden, waschen und trocken schleudern. **Apfel** schälen, vierteln, entkernen und quer in dünne Scheiben schneiden oder hobeln. **Salatgurke** schälen, halbieren, entkernen und in kleine Würfel schneiden. **Staudensellerie** putzen, die Fäden abziehen und quer in sehr dünne Scheiben schneiden. **Ananas** und **Wassermelone** würfeln. Alles getrennt beiseitestellen. • Für das Curry-Dressing **Mayonnaise, Joghurt, Curry-Gewürzmischung** und **Balsamico-Essig** mit etwas kaltem Wasser zu einer dickflüssigen Sauce verrühren und mit **Salz, Pfeffer** und **Zucker** würzig abschmecken. • Zum Schichten als Erstes den Eisbergsalat gleichmäßig in eine Glasschüssel füllen und leicht mit Curry-Dressing beträufeln. Dann nacheinander Apfel, Salatgurke, Ananas und Staudensellerie einschichten und mit dem restlichen Curry-Dressing bedecken. Als letzte Schicht die Wassermelonenwürfel darübergeben und den Salat etwa 60 Minuten kalt stellen. • Inzwischen die **Eier** hart kochen, abgießen, kalt abschrecken, pellen und abkühlen lassen. • Zum Servieren die Eier grob hacken und über den Salat geben. Mit dem **Räucherlachs** dekorativ garnieren und nach Belieben etwas **Pfeffer** grob darübermahlen.

glutenfrei

# WARMER KAROTTENSALAT MIT RUCOLA, ORANGE UND SCHAFSKÄSE

2 PERSONEN

1 Bioorange
200 g Karotten
1 Bund Rucola
50 g Schafmilch-Feta (48 % Fett)

AUS DEM VORRAT
1 TL Butter
2 EL Obstessig oder heller Balsamico-Essig
2 EL Olivenöl
Salz
schwarzer Pfeffer aus der Mühle

15 MINUTEN

**Orange** waschen, die Hälfte der Schale fein abreiben und den Saft der ganzen Orange auspressen. **Karotten** schälen und mit einem Sparschäler in dünne, lange Streifen schneiden. • **Butter** in einem Topf erhitzen. Orangenschale, Orangensaft, **Obstessig, Olivenöl** und Karotten hinzugeben, mit **Salz** und **Pfeffer** würzen und 5 Minuten köcheln lassen. Zum Schluss noch mal abschmecken. • Inzwischen den **Rucola** waschen, gut trocken schütteln und auf zwei Schalen verteilen. • Den warmen Karottensalat auf dem Rucola anrichten, **Feta** darüberbröseln und genießen.

vegetarisch, glutenfrei, frei von raffiniertem Zucker

# SÜSSKARTOFFEL-BOWL MIT AVOCADO UND KARAMELLISIERTEN CASHEWS

2 PERSONEN

20 MINUTEN

40 g Cashewkerne
1 Süßkartoffel (300 g)
¼ Eisbergsalat
150 g Kirschtomaten
1 reife Avocado
1 Biolimette
3 EL süße Chilisauce
2 EL Crème fraîche

AUS DEM VORRAT
1 TL Zucker
1 EL Olivenöl
Salz
2 EL heller Balsamico-Essig
schwarzer Pfeffer aus der Mühle

**Cashewkerne** ohne Fett in einer Pfanne anrösten, **Zucker** darüberstreuen und karamellisieren. Auf einen Teller geben und auskühlen lassen. • Parallel dazu die **Süßkartoffel** schälen und in 2–3 cm große Würfel schneiden. Das **Olivenöl** in derselben Pfanne erhitzen und die Süßkartoffeln darin rundum gut anbraten. Dann leicht **salzen,** mit etwas Wasser ablöschen und abgedeckt etwa 5 Minuten köcheln lassen, bis das Wasser verdampft und die Süßkartoffeln bissfest gegart sind. In eine Schüssel geben und abkühlen lassen. • In der Zwischenzeit den **Eisbergsalat** waschen, trocken schleudern und in fingerdicke Streifen schneiden. **Kirschtomaten** waschen und halbieren. **Avocado** halbieren, entsteinen, das Fruchtfleisch herauslösen und würfeln. • **Limette** waschen, etwas Schale fein abreiben und die Frucht auspressen. Limettenschale und Limettensaft mit **Chilisauce, Crème fraîche** und **Balsamico-Essig** verrühren und mit **Salz** und **Pfeffer** abschmecken. Das Dressing über die gebratenen Süßkartoffeln träufeln und vermengen. • Eisbergsalat, Kirschtomaten und Avocadowürfel auf zwei Bowls verteilen, marinierte Süßkartoffeln darauf anrichten und mit den karamellisierten Cashewkernen bestreuen.



vegetarisch, glutenfrei

# Gönn dir SANDWICHES & SNACKS

SCHNELLES FINGERFOOD
VOM FEINSTEN

# Juicy Los-Angeles-
# CLUB-BURGER

2 PERSONEN

40–45 MINUTEN
(ohne Buns)

**RED-PEPPER-MAYO**
1 große rote Spitzpaprika
2 EL Mayonnaise (80 % Fett)
2 EL Trüffelöl

**BURGER**
2 große Brioche-Burger-Buns (siehe Seite 155; alternativ Fertigprodukt)
1 EL weiche Kräuterbutter
1 kleine reife Avocado
½ Romana-Salatherz
1 Rib-Eye-Steak (300 g)
50 g Frühstücksbacon in Scheiben
1 EL Cashewkerne
1 EL flüssiger Honig
70 g Cheddar in Scheiben

AUS DEM VORRAT
1 EL heller Balsamico-Essig
Salz
schwarzer Pfeffer aus der Mühle
1 EL Maiskeim- oder Sonnenblumenöl

Den Backofen auf höchste Grillstufe vorheizen. • Für Red-Pepper-Mayo die **Spitzpaprika** waschen, halbieren, entkernen, mit der Hautseite nach oben auf ein Backblech legen, unter dem vorgeheizten Backofengrill stark rösten, bis sich die Haut schwarz färbt. Herausnehmen, ein nasses Küchentuch darüberlegen und etwas abkühlen lassen. Die Haut abziehen, die Paprikafilets grob in Stücke schneiden und mit **Mayonnaise, Trüffelöl, Balsamico-Essig** und etwas **Salz** verrühren. • Den Backofen auf 90 °C Ober-/Unterhitze regeln. • Für die Burger die **Buns** aufschneiden und alle Schnittflächen mit **Kräuterbutter** bestreichen. **Avocado** halbieren, entsteinen, das Fruchtfleisch herauslösen und in fingerdicke Spalten schneiden. **Romana-Salat** grob in Stücke schneiden, waschen und trocken schleudern. • Das **Steak** beidseitig mit **Salz** und **Pfeffer** würzen. **Öl** in einer Pfanne stark erhitzen und das Fleisch von beiden Seiten je 2 Minuten stark anbraten. Herausnehmen, auf ein Backblech geben und im Ofen 10 Minuten weitergaren. • Inzwischen den **Bacon** in derselben heißen Pfanne beidseitig knusprig braten. **Cashewkerne** grob hacken, zugeben, mit **Honig** beträufeln und karamellisieren, dabei gut durchschwenken. Aus der Pfanne nehmen und mit **Pfeffer** würzen. • Avocadospalten in der heißen Pfanne beidseitig kurz anbraten und herausnehmen. Die Buns mit den Schnittflächen nach unten in die Pfanne legen und kurz rösten. • Das Steak aus dem Ofen nehmen und diesen wieder auf Grillstufe stellen. Das Fleisch schräg in daumendicke Scheiben schneiden, in zwei Portionen teilen, die Scheiben eng aneinander zurück auf das Blech legen, mit **Cheddar** belegen und unter dem Backofengrill gratinieren, bis der Käse schmilzt. • Währenddessen die unteren Bun-Hälften mit etwas Red-Pepper-Mayo bestreichen und mit Romana-Salat und Avocados belegen. Dann gratiniertes Fleisch, Honig-Bacon und restliche Red-Pepper-Mayo darübergeben und die oberen Bun-Hälften auflegen. Mit Holzstäbchen fixieren und sofort servieren.

# PASTRAMI-SANDWICH MIT SENFCREME

## und Cheddar

2 PERSONEN

CA. 10 MINUTEN

**SENFCREME**

4–5 Schnittlauchhalme
2 EL Perlzwiebeln aus dem Glas
1 EL scharfer Senf
2 EL Mayonnaise (80 % Fett)

**PASTRAMI-SANDWICHES**

4 Scheiben Vollkorntoast
80 g Cheddar
150 g Pastrami in Scheiben (alternativ Kochschinken)

AUS DEM VORRAT
Salz
schwarzer Pfeffer aus der Mühle

Den Backofen auf Grillstufe vorheizen. • Für die Senfcreme den **Schnittlauch** abbrausen, trocken schütteln und in Röllchen schneiden. **Perlzwiebeln** sehr fein hacken und mit dem Schnittlauch in eine Schüssel geben. **Senf** und **Mayonnaise** hinzufügen, verrühren und mit **Salz** und **Pfeffer** abschmecken. • Für die Pastrami-Sandwiches die **Toastscheiben** auf ein Backblech legen und unter dem vorgeheizten Backofengrill goldbraun rösten, anschließend wenden und von der anderen Seite ebenfalls rösten. • Inzwischen den **Cheddar** fein reiben. • Das Backblech herausnehmen, die Brote mit Cheddar bestreuen, zurück in den Ofen schieben und kurz gratinieren, bis der Käse schmilzt. • Aus dem Ofen nehmen (nicht ausschalten), die **Pastrami-Scheiben** auf zwei Toastscheiben schichten, dabei etwas Senfcreme dazwischenträufeln. Mit den übrigen zwei gratinierten Toastscheiben zu Sandwiches zusammensetzen. Mit je zwei Holzspießchen fixieren und noch mal kurz im Backofen erhitzen. • Fertige Pastrami-Sandwiches auf zwei Teller setzen, diagonal durchschneiden und servieren.

# CHORIZO-WRAP MIT BOHNEN, MANCHEGO UND FRISCHKÄSE

2 PERSONEN

15 MINUTEN

80 g Manchego
(alternativ anderer Hartkäse)
½ Romana-Salatherz
100 g Chorizo
1 kleine rote Zwiebel
1 Knoblauchzehe
120 g Kidneybohnen
aus der Dose
1 EL Tomatenketchup
2 große Weizen-Tortillafladen
2 EL Doppelrahmfrischkäse

AUS DEM VORRAT
1 EL Olivenöl
1 TL Tomatenmark
Salz
schwarzer Pfeffer aus der Mühle

**Manchego** grob reiben. **Romana-Salat** in breite Streifen schneiden, waschen und trocken schleudern. Beides beiseitestellen. • **Chorizo** von der Haut befreien und in dünne Scheiben schneiden. **Zwiebel** schälen und in Spalten schneiden. **Knoblauchzehe** schälen und fein hacken. **Kidneybohnen** in ein Sieb abgießen, unter fließendem Wasser abbrausen und abtropfen lassen. • **Olivenöl** in einer Pfanne erhitzen. Chorizo, Zwiebeln, Knoblauch und Kidneybohnen hineingeben und sehr scharf anbraten. **Tomatenmark** dazugeben und kurz anrösten. **Ketchup** einrühren und mit **Salz** und **Pfeffer** abschmecken. • **Tortillafladen** mit **Frischkäse** bestreichen. Chorizo-Bohnen-Ragout darauf verteilen, mit Manchego bestreuen und den Romana-Salat darübergeben. Die seitlichen Ränder leicht einschlagen, die Tortillas straff aufrollen, diagonal halbieren und Wraps lauwarm servieren.

# SCHWARZWÄLDER KNUSPERBROT

## mit Käsesauce

2 PERSONEN

10–15 MINUTEN

**KÄSESAUCE**

50 g Cheddar

50 g Bergkäse

100 ml Milch (3,7 % Fett)

**KNUSPERBROT**

1 Frühlingszwiebel

2 große Scheiben Bauernbrot (z. B. Roggenmischbrot)

80 g Senfgurken aus dem Glas

1 EL Doppelrahmfrischkäse

60 g geräucherter Schwarzwälder Rohschinken in dünnen Scheiben

AUS DEM VORRAT

1 EL Butter

1 TL Weizenmehl Type 405

Für die Käsesauce **Cheddar** und **Bergkäse** fein reiben. **Butter** in einem kleinen Topf aufschäumen, **Mehl** darüberstäuben und kurz verrühren. Dann nach und nach die kalte **Milch** angießen und stetig rühren, bis die Flüssigkeit andickt. Geriebenen Käse hinzufügen und unter Rühren auflösen, dabei die Sauce nicht mehr kochen lassen. Den Topf an den Herdrand ziehen und die Käsesauce warm halten. • Inzwischen für die Knusperbrote die **Frühlingszwiebel** putzen, waschen und in dünne Ringe schneiden. **Brotscheiben** toasten und **Senfgurken** fein würfeln. • Die getoasteten Brote mit **Frischkäse** bestreichen, mit Senfgurken belegen, auf zwei Teller geben und die warme Käsesauce darübergießen. **Schinkenscheiben** leicht kräuseln und dekorativ auf den Broten anrichten. Mit den Frühlingszwiebelringen bestreuen und sofort warm servieren.

# CHICKEN-SANDWICH MIT KARAMELLISIERTEN TOMATEN
## UND CAESAR-MAYO

2 PERSONEN

25–30 MINUTEN

**CHICKEN-SANDWICHES**

2 Bioeier
1 Biohähnchenbrustfilet ohne Haut (150 g)
1 Msp. Curry-Gewürzmischung
¼ TL geräuchertes Paprikapulver
1 Romana-Salatherz
1 große Fleischtomate
1 Frühlingszwiebel
1 EL Kräuterbutter
2 Ciabatta-Brötchen
1 TL brauner Zucker

**CAESAR-MAYO**

25 g Parmesan
2 EL Mayonnaise (80 % Fett)
1 TL flüssiger Honig

AUS DEM VORRAT
4 EL Olivenöl
Salz
schwarzer Pfeffer aus der Mühle
1 EL heller Balsamico-Essig

Für die Chicken-Sandwiches die **Eier** hart kochen, abgießen, kalt abschrecken, pellen und abkühlen lassen. • Währenddessen **Hähnchenbrustfilet** waschen, trocken tupfen und quer zur Faser in dünne Streifen schneiden. 2 EL **Olivenöl, Curry-Gewürzmischung** und **Paprikapulver** mit etwas **Salz** und **Pfeffer** verrühren, die Marinade über das Hähnchenfleisch träufeln, vermengen und beiseitestellen. • Für die Caesar-Mayo den **Parmesan** fein in eine Schale reiben. **Mayonnaise, Honig** und **Balsamico-Essig** hinzugeben, verrühren, mit **Salz** und **Pfeffer** abschmecken und beiseitestellen. • **Salatherz** in dicke Streifen schneiden, waschen und trocken schleudern. **Fleischtomate** waschen und in Scheiben schneiden, dabei den Stielansatz entfernen. **Frühlingszwiebel** putzen, waschen und in dünne Röllchen schneiden. Die Eier in Scheiben schneiden. • **Kräuterbutter** in einer Pfanne bei mittlerer Hitze aufschäumen lassen. **Ciabatta-Brötchen** aufschneiden, mit den Schnittflächen nach unten in die Pfanne legen, leicht andrücken und rösten. Herausnehmen. • 1 EL **Olivenöl** in derselben Pfanne erhitzen und die Hähnchenstreifen darin rundum gut durchbraten. Herausnehmen und warm halten. • 1 EL **Olivenöl** in der Pfanne kräftig erhitzen. Tomatenscheiben beidseitig mit **Zucker** bestreuen, hineingeben und bei hoher Hitze von beiden Seiten karamellisieren. Herausnehmen und leicht **salzen.** • Die Brötchen-Schnittflächen mit etwas Caesar-Mayo bestreichen, dann Salat, Tomaten und Hähnchenstreifen daraufgeben, restliche Caesar-Mayo darüberträufeln und mit Eierscheiben belegen. Mit **Pfeffer** bestreuen und mit Frühlingszwiebelringen toppen. • Je zwei Sandwichhälften auf zwei Teller geben und servieren.

# ÜBERBACKENE BRESAOLA-TRAMEZZINI

## mit Chili-Ei

2 PERSONEN

CA. 15 MINUTEN

**CHILI-EI**
2 Bioeier
3–4 Blätter Rucola
1 EL Mayonnaise (80 % Fett)
1 EL süße Chilisauce
2 Msp. geräuchertes Paprikapulver

**TRAMEZZINI**
50 g Cheddar
2 lange Scheiben Tramezzini-Brot
2 EL Doppelrahmfrischkäse
120 g Bresaola in dünnen Scheiben (alternativ Kochschinken)
80 g geräucherter Mozzarella

AUS DEM VORRAT
Salz
schwarzer Pfeffer aus der Mühle

Den Backofen auf Grillstufe vorheizen. • Für das Chili-Ei die **Eier** hart kochen, abgießen, kalt abschrecken, pellen und kurz abkühlen lassen. • Inzwischen den **Rucola** waschen, trocken tupfen, fein schneiden und in eine Schüssel geben. **Mayonnaise, Chilisauce** und **Paprikapulver** hinzufügen und vermengen. • Für die Tramezzini den **Cheddar** reiben und beiseitestellen. **Tramezzini-Brotscheiben** mit **Frischkäse** bestreichen. **Bresaola-Scheiben** leicht kräuseln und eine Brotscheibe damit belegen. **Mozzarella** in dünne Scheiben schneiden und auf der Bresaola verteilen. • Eier grob hacken und unter die Rucola-Mischung heben. Mit **Salz** und **Pfeffer** abschmecken und das Chili-Ei auf dem Mozzarella verteilen. Mit der zweiten Tramezzini-Brotscheibe zu einem Sandwich zusammensetzen, auf ein Backblech geben und mit Cheddar bestreuen. Im vorgeheizten Ofen unter dem Backofengrill gratinieren, bis der Käse schmilzt. • Herausnehmen, das gratinierte Tramezzini-Brot quer halbieren, dann beide Hälften diagonal halbieren, sodass Dreiecke entstehen. Auf zwei Teller setzen und heiß servieren.

**TIPP** Das gratinierte Tramezzini-Brot am besten mit einem scharfen Messer mit Wellenschliff schneiden.

# GRATINIERTES THUNFISCHBROT

## mit Asia-Mayo

2 PERSONEN

10 MINUTEN

**THUNFISCH-BROT**

2 große Scheiben Graubrot oder Weizenmischbrot
1 EL weiche Kräuterbutter
1 Dose Thunfisch in Olivenöl (150 g), abgetropft
100 g Brie
½ rote Chili
2 EL Cashewkerne
1 Stängel Koriander
Saft von ½ Limette

**ASIA-MAYO**

2 EL Sojasauce
1 EL Mayonnaise (80 % Fett)
1 TL Wasabipaste

Den Backofen auf Grillstufe vorheizen. • **Brotscheiben** mit **Kräuterbutter** bestreichen und auf ein Backblech legen. • Den **Thunfisch** grob zerpflücken. **Brie** grob in Stücke schneiden. **Chili** entkernen, waschen und in Ringe schneiden. Die **Cashewkerne** grob hacken. Die vorbereiteten Zutaten auf den Broten verteilen. • Das Blech unter den vorgeheizten Backofengrill schieben und die Brote gratinieren, bis der Käse schmilzt. • In der Zwischenzeit für die Asia-Mayo **Sojasauce, Mayonnaise** und **Wasabipaste** glatt rühren. • **Koriander** abbrausen, trocken schütteln und die Blätter abzupfen. • Die gratinierten Thunfisch-Brote auf zwei Teller geben und mit Asia-Mayo und **Limettensaft** beträufeln. Mit Koriander garnieren und heiß servieren.

# FAMILY-SCHINKEN-SANDWICH

## mit Avocado-Mayo

2 PERSONEN

15 MINUTEN

**SANDWICHES**

4 Scheiben American-Sandwich-Toastbrote
1 EL weiche Kräuterbutter
50 g Cheddar
100 g gekochter Schinken in dünnen Scheiben
80 g Camembert

**AVOCADO-MAYO**

1 kleine reife Avocado
2 EL Mayonnaise (80 % Fett)
1 EL Crème fraîche
1 EL Preiselbeeren aus dem Glas

AUS DEM VORRAT

1 TL heller Balsamico-Essig
Salz
schwarzer Pfeffer aus der Mühle

Für die Sandwiches die **Toastscheiben** dünn mit **Kräuterbutter** bestreichen. **Cheddar** reiben, alle vier Brotscheiben damit bestreuen und mit **Schinken** belegen. **Camembert** in Scheiben schneiden und mittig auf zwei belegte Toastscheiben legen, dann mit den restlichen Scheiben zu Sandwiches zusammensetzen und fest andrücken. • Eine Pfanne erhitzen. Die beiden Sandwiches hineinlegen und langsam bei niedriger Hitze rösten, bis der Camembert schmilzt. Dabei die Sandwiches öfter wenden und immer wieder gut andrücken. • Inzwischen für die Avocado-Mayo die **Avocado** schälen, entsteinen und das Fruchtfleisch in einen Mixbecher geben. **Mayonnaise, Crème fraîche** und **Balsamico-Essig** hinzugeben und mit dem Stabmixer pürieren. Mit **Salz** und **Pfeffer** abschmecken, die **Preiselbeeren** mit einem Löffel unterheben und in zwei kleine Schälchen geben. • Die Schinken-Sandwiches diagonal halbieren und auf zwei Tellern anrichten. Die Avocado-Mayo zum Dippen reichen.

# AVOCADO-FRENCH-TOAST

## MIT LACHS UND MEERRETTICH

2 PERSONEN

10–15 MINUTEN

1 reife Avocado
2 EL Sahnemeerrettich aus dem Glas
25 g Parmesan
100 ml Milch (3,7 % Fett)
1 Ei
4 Scheiben American-Sandwich-Toastbrote
100 g Räucherlachs in Scheiben

AUS DEM VORRAT
Salz
schwarzer Pfeffer aus der Mühle
3 EL Olivenöl

**Avocado** halbieren, entsteinen und schälen. Eine Avocadohälfte mit einer Gabel zerdrücken, mit dem **Sahnemeerrettich** vermengen und mit **Salz** und **Pfeffer** abschmecken. • **Parmesan** fein reiben und in einen hohen Mixbecher geben. Andere Avocadohälfte, **Milch, Ei,** etwas **Salz** und **Pfeffer** hinzufügen und mit dem Stabmixer mixen. Die Avocado-Ei-Milch in einen tiefen Teller geben. • **Toastbrotscheiben** mit einem Rollholz leicht flach walzen und mit etwas Avocado-Meerrettich-Creme bestreichen. Zwei davon mit **Räucherlachs** belegen, mit den beiden übrigen Brotscheiben zu Sandwiches zusammensetzen und in der Avocado-Ei-Milch wenden. • Inzwischen das **Olivenöl** in einer großen Pfanne erhitzen und die getränkten Toasts darin von beiden Seiten goldbraun braten. • Die Avocado-French-Toasts auf zwei Teller geben, diagonal halbieren und heiß genießen.

Grundrezept

# BRIOCHE-BURGER-BUNS

## 9 STÜCK

## 20–25 MINUTEN

plus 2 ½–3 Stunden Ruhezeit und 18–20 Minuten Backzeit

100 ml kalte Milch (3,7 % Fett)
½ Würfel frische Hefe (20 g)
3 Bioeier
2 EL Sesamsaat (nach Belieben)

AUS DEM VORRAT
500 g Weizenmehl Type 550
2 EL Zucker
10 g Salz
70 g kalte Butter

**Mehl, Milch, Hefe,** zwei **Eier, Zucker** und **Salz** mit 150 ml zimmerwarmem Wasser in die Rührschüssel der Küchenmaschine geben und mit dem Knethaken 10 Minuten langsam kneten. • Dann die **Butter** in kleine Stücke schneiden, hinzufügen und noch mal 5 Minuten bei hoher Stufe weiterkneten, bis ein glatter und gut dehnbarer Teig entstanden ist. Die Schüssel abdecken und den Hefeteig 60 Minuten bei Raumtemperatur ruhen lassen. • Vom Teig neun gleich große Teiglinge abstechen, zu straffen Kugeln rollen und mit genügend Abstand auf ein mit Backpapier ausgelegtes Backblech setzen. Dann mit der Hand flach drücken und abgedeckt 1 ½–2 Stunden gehen lassen, bis sich das Teigvolumen gut verdoppelt hat. • Den Backofen auf 220 °C Ober-/Unterhitze gut vorheizen. • Das restliche **Ei** verquirlen, die Teiglinge damit bestreichen und nach Belieben mit **Sesam** bestreuen. Im vorgeheizten Ofen auf der mittleren Schiene 18–20 Minuten backen. • Das Blech herausnehmen und die Buns auskühlen lassen.

**TIPP** Die Brioche-Burger-Buns eignen sich super zum Einfrieren. Hier in den Rezepten werden sie für die Juicy Los-Angeles-Club-Burger (siehe Seite 136) und die Fischburger mit Bacon und Rucola-Mayo (siehe Seite 79) verwendet.

vegetarisch

*Grundrezept*

# EINFACHES TOASTBROT

## 1 TOASTBROT

## 15–20 MINUTEN

**plus 1 Stunde 45 Minuten bis 2 Stunden Ruhezeit und ca. 50 Minuten Backzeit**

325 ml kalte Milch (3,7 % Fett) plus etwas zum Bestreichen
½ Würfel frische Hefe (20 g)

**AUSSERDEM**

Toast-Backform oder Kastenform (30 cm Länge)

AUS DEM VORRAT

500 g Weizenmehl Type 550 plus etwas zum Bestäuben
1 TL Zucker
10 g Salz
35 g kalte Butter plus 1 EL weiche Butter

**Mehl, Milch, Hefe, Zucker** und **Salz** in die Rührschüssel der Küchenmaschine geben und 10 Minuten langsam kneten. • Dann die kalte **Butter** in kleine Stücke schneiden, hinzufügen und noch mal 5 Minuten bei hoher Stufe weiterkneten, bis ein glatter und gut dehnbarer Teig entstanden ist. Schüssel abdecken und den Hefeteig bei Raumtemperatur 60 Minuten ruhen lassen. • Die Backform mit **Butter** einfetten und mit **Mehl** ausstäuben. Den aufgegangenen Teig auf der Arbeitsfläche kurz per Hand durchkneten, zu einer Rolle formen und in die vorbereitete Backform legen. Wieder abdecken und 45–60 Minuten bei Raumtemperatur gehen lassen, bis sich das Teigvolumen verdoppelt hat. • Inzwischen den Backofen auf 190 °C Ober-/Unterhitze vorheizen. • Die Teigoberfläche mit **Milch** bepinseln, die Backform in den vorgeheizten Ofen auf die mittlere Schiene geben und etwa 50 Minuten backen. • Herausnehmen, einige Minuten abkühlen lassen, dann das Toastbrot aus der Form stürzen und vor dem Anschneiden auf einem Küchengitter auskühlen lassen.

**TIPP** Das selbst gebackene Toastbrot schmeckt einfach super! Es passt als Begleiter zu vielen Rezepten aus diesem Buch. Und es ist natürlich auch ein schneller Genuss, ob mit Käse, Aufschnitt, Lachs, Eier- oder Tomatenscheiben belegt. Dazu passen viele Saucen (zum Beispiel Asia-Mayo, Senfcreme, Basilikumpesto oder Trüffel-Aioli, siehe Seiten 148, 71, 111 und 72). Als Aufstrich machen sich Avocado-Mayo und Red-Pepper-Mayo (siehe Seiten 151 und 136) sehr gut. Probiere auch mal Hummus als Belag, getoppt mit süßscharfen Zwiebeln (siehe Seite 123) oder Antipasti (siehe Seite 52).



vegetarisch

# Gönn dir DESSERTS & SMOOTHIES

DIE KUNST DER
SCHNELLEN VERFÜHRUNG

# CRÈME BRÛLÉE MIT ORANGENKARAMELL

## UND SCHOKOCRUMBLE

2 PERSONEN

35 MINUTEN
plus 10 Minuten Ruhezeit, ca. 48 Minuten Backzeit, Abkühlzeit und mind. 60 Minuten Kühlzeit

**CRÈME BRÛLÉE**
125 g Sahne
125 ml Milch (3,7 % Fett)
½ Vanilleschote
4 Bioeigelb
2 EL brauner Zucker

**SCHOKOCRUMBLE UND ORANGENKARAMELL**
50 g weiße Schokolade
100 ml Orangensaft

**AUSSERDEM**
2 ofenfeste Crème-brûlée-Förmchen (ca. 250 ml Inhalt)
Küchen-Bunsenbrenner (Crème-brûlée-Brenner)

AUS DEM VORRAT
65 g Zucker

Den Backofen auf 130 °C Ober-/Unterhitze vorheizen. • Für die Crème brûlée **Sahne, Milch** und 40 g **Zucker** in einen Topf geben. **Vanilleschote** aufschneiden, das Mark herauskratzen, Schote und Mark zur Milchmischung geben und erhitzen, aber nicht aufkochen. Vom Herd nehmen und 10 Minuten ziehen lassen, dann die Vanilleschote entfernen. • **Eigelbe** mit den Quirlen des Handrührgeräts schaumig rühren und die Vanillemilch unterrühren. In die Förmchen füllen, auf ein tiefes Backblech stellen und in den vorgeheizten Ofen auf die mittlere Schiene schieben. Dann bis zur Hälfte der Förmchenhöhe mit heißem Wasser auffüllen und 40 Minuten pochieren. • Die Förmchen vorsichtig herausnehmen, abkühlen lassen und mindestens 60 Minuten kalt stellen. • Den Backofen auf 170 °C Ober-/Unterhitze regeln. • Für den Schokocrumble die **Schokolade** grob hacken, auf einem mit Backpapier ausgelegten Backblech verteilen und im Ofen etwa 8 Minuten backen, bis sich die Ränder leicht braun färben. Den Vorgang kontrollieren, denn die Schokolade verbrennt schnell. Herausnehmen, das Backpapier mit der karamellisierten Schokolade vom heißen Blech ziehen und aushärten lassen. • Nach der Creme-Kühlzeit für das Orangenkaramell 25 g **Zucker** in einem kleinen Topf langsam schmelzen und karamellisieren. Mit **Orangensaft** ablöschen und langsam köcheln lassen, bis sich der Zucker aufgelöst hat. Vom Herd nehmen. • **Braunen Zucker** gleichmäßig auf die Oberflächen der Cremes streuen und mithilfe des Bunsenbrenners karamellisieren. • Crème brûlées mit warmem Orangenkaramell beträufeln, mit Schokocrumble bestreuen und direkt servieren.



vegetarisch, glutenfrei

**TIPP** Das Karamellisieren funktioniert mit einem Bunsenbrenner wirklich am besten. Alternativ die Förmchen kurz unter den gut vorgeheizten Backofengrill (250–300 °C) stellen und den Zucker zum Schmelzen bringen.

# CHEESECAKE MIT HIMBEEREN UND weißer Schokolade

4 PERSONEN

20 MINUTEN

plus 45 Minuten Backzeit, Abkühlzeit und mind. 2 Stunden Kühlzeit

**CHEESECAKE**

150 g Butterkekse
2 Msp. gemahlener Zimt
250 g Sahnequark
250 g Schmand
300 g Doppelrahmfrischkäse
2 Bioeier
1 Biozitrone
Mark von 1 Vanilleschote

**TOPPING**

5 EL Himbeerkonfitüre (am besten ohne Kerne)
50 g weiße Schokolade

**AUSSERDEM**

Springform (Ø 20–22 cm)

AUS DEM VORRAT
55 g Butter
120 g Zucker
50 g Weizenmehl Type 405

Den Backofen auf 180 °C Ober-/Unterhitze vorheizen. Den Boden der Springform mit Backpapier auslegen. • Für den Cheesecake die **Butterkekse** im Blitzhacker zerkleinern. (Alternativ die Kekse in einen Gefrierbeutel füllen und mit dem Rollholz platt rollen.) Die Brösel in eine Schüssel füllen und mit **Zimt** vermengen. **Butter** schmelzen, darüberträufeln, gut vermischen, die Masse in die Springform füllen und am Boden gleichmäßig andrücken. • **Sahnequark, Schmand, Frischkäse, Eier** und **Zucker** in einer Schüssel cremig verrühren. **Zitrone** waschen, die Schale fein abreiben, den Saft auspressen und beides unter die Quarkmasse rühren. **Vanilleschote** längs aufschneiden, das Mark herauskratzen und ebenfalls einrühren. Zum Schluss das **Mehl** darübersieben und kurz unterrühren. • Die Quarkmasse in die Springform füllen, in den vorgeheizten Ofen auf die mittlere Schiene geben und 45 Minuten backen. • Herausnehmen, den Cheesecake in der Form abkühlen lassen und mindestens 2 Stunden in den Kühlschrank stellen. • Für das Topping die **Himbeerkonfitüre** in einem kleinen Topf erwärmen, bis sie leicht flüssig wird. Dann gleichmäßig auf dem Cheesecake verteilen. Aus der Form lösen, die **Schokolade** mit einem Sparschäler darüberhobeln und den Cheesecake servieren.

**TIPP** Den Kuchen am besten über Nacht in den Kühlschrank stellen und erst dann aus der Form lösen.

vegetarisch

# PANCAKE-BANANEN-TOWER MIT GRANOLA

## UND SCHOKOSAUCE

2 PERSONEN

20–25 MINUTEN

**PANCAKES UND GRANOLA**

3 Bioeier
3 EL Milch (3,7 % Fett)
Mark von ½ Vanilleschote
1 TL Backpulver
3 EL Granola-Müslimischung
1 Banane

**WARME SCHOKOSAUCE**

50 g Sahne
100 g Milchschokolade

**AUSSERDEM**

Spritzbeutel mit glatter Tülle

AUS DEM VORRAT

60 g Weizenmehl Type 405
2 ½ EL Zucker
1 Prise Salz
2 EL neutrales Pflanzenöl

Den Backofen auf 80 °C Ober-/Unterhitze vorheizen. • Für die Pancakes die **Eier** trennen. Eigelbe, **Milch** und **Vanillemark** in einer Schüssel glatt rühren. **Mehl** und **Backpulver** vermischen und unterrühren. Eiweiße mit 1 ½ EL **Zucker** und **Salz** steif schlagen und locker unter die Eigelbmasse ziehen. • **Pflanzenöl** in einer beschichteten großen Pfanne erhitzen. Die Pancake-Masse in den Spritzbeutel füllen und die Hälfte des Teigs in kleinen dicken Kreisen hineinspritzen. Einige Wassertropfen in die Pfanne geben, sofort den Deckel auflegen und bei niedriger Hitze etwa 3 Minuten backen, bis die Pancakes an der Unterseite leicht gebräunt sind. Den Deckel abnehmen, auf die Pancakes den restlichen Teig aufspritzen, sofort wenden, abdecken und auf der anderen Seite ebenfalls goldgelb backen. Herausnehmen und im vorgeheizten Ofen warm halten. • Für das Granola eine Pfanne erhitzen. **Müsli-Mischung** und 1 EL **Zucker** hineinstreuen und unter Rühren karamellisieren. Auf Backpapier abkühlen lassen. • Für die warme Schokosauce die **Sahne** in einem kleinen Topf aufkochen. **Schokolade** sehr fein hacken und in eine kleine Schüssel füllen. Die heiße Sahne darübergießen, kurz warten, bis die Schokolade schmilzt, dann kräftig zu einer Sauce verrühren. • **Banane** schälen und in sehr dünne Scheiben schneiden. Je einen Pancake auf zwei Teller legen und darauf einige Bananenscheiben anrichten. Dann wieder einen Pancake darauflegen, mit Banane belegen und auf diese Weise je ein hohes Türmchen zusammensetzen. Mit der warmen Schokosauce beträufeln, mit Granola bestreuen und genießen.



vegetarisch

# SCHOKOLADENMOUSSE MIT
## BANANE-PASSIONSFRUCHT-RAGOUT

2 PERSONEN

20 MINUTEN
plus mind. 2 Stunden Kühlzeit

**SCHOKOLADENMOUSSE**
100 g Bitterschokolade
(mind. 70 % Kakaoanteil)
1 EL Nuss-Nugat-Creme
1 Prise gemahlener Zimt
200 g Sahne

**BANANE-PASSIONSFRUCHT-RAGOUT**
1 Banane
2 Passionsfrüchte
100 ml Passionsfruchtsaft
1 Pck. Vanillezucker

**PISTAZIENCRUNCH**
2 EL Pistazienkerne
1 EL Puderzucker

Für die Schokoladenmousse die **Schokolade** hacken, in eine Schüssel füllen, auf ein heißes Wasserbad setzen und behutsam schmelzen (alternativ in der Mikrowelle schmelzen). **Nuss-Nugat-Creme** und **Zimt** kräftig unter die geschmolzene Schokolade rühren, vom Wasserbad nehmen und einige Minuten abkühlen lassen. • Inzwischen für das Banane-Passionsfrucht-Ragout die **Banane** schälen und in Scheiben schneiden. **Passionsfrüchte** halbieren und mit einem Löffel das Fruchtfleisch samt den Kernen herauslösen. Passionsfruchtsaft und **Vanillezucker** in eine kleine Pfanne geben und aufkochen. Banane und Passionsfruchtfleisch hinzugeben und 3 Minuten sanft köcheln lassen. In eine Schale geben, abkühlen lassen und kalt stellen. • **Sahne** steif schlagen und mit einem Schneebesen unter die Schokoladenmasse heben. Die Mousse in zwei Gläser füllen und mindestens 2 Stunden im Kühlschrank kalt stellen. • Für den Pistaziencrunch die **Pistazienkerne** grob hacken und in einer Pfanne ohne Fett rösten. **Puderzucker** darübersieben und karamellisieren lassen. Den Pistaziencrunch sofort auf Backpapier geben und abkühlen lassen. • Zum Servieren die Schokoladenmousse-Portionen mit dem Banane-Passionsfrucht-Ragout toppen und mit Pistaziencrunch bestreuen.

vegetarisch, glutenfrei

# GEFLÄMMTER KAISERSCHMARREN

## MIT MANDELKROKANT

2 PERSONEN

25 MINUTEN

**MANDELKROKANT**
3 EL Mandelblättchen
1 EL Puderzucker

**KAISERSCHMARREN**
2 Bioeier
150 ml Milch (3,7 % Fett)
1 EL brauner Rum
Puderzucker

**AUSSERDEM**
Flambierbrenner (Küchen-Bunsenbrenner; alternativ langes Stabfeuerzeug)

AUS DEM VORRAT
1 Prise Salz
75 g Weizenmehl Type 405
2 EL Zucker
2 EL Butter

**HINWEIS** Beim Flambieren unbedingt einen Schritt zurücktreten und niemals über die Pfanne beugen. Die Flamme erlischt von allein, sobald der Alkohol verbrannt ist.

Für den Mandelkrokant die **Mandelblättchen** in einer Pfanne ohne Fett rösten. **Puderzucker** darübersieben und karamellisieren. Auf einen Teller geben und aushärten lassen. • Für den Kaiserschmarren die **Eier** trennen. Eiweiße mit **Salz** steif schlagen. **Milch, Mehl** und 1 EL **Zucker** in eine Schüssel geben und mit dem Schneebesen zu einem glatten Teig verrühren. Eigelbe einarbeiten und zum Schluss den Eischnee locker unterheben. • 1 EL **Butter** in einer Pfanne aufschäumen lassen und den Teig hineingeben. Die Hitze auf niedrigste Stufe reduzieren, den Deckel aufsetzen und etwa 6 Minuten backen, bis die Unterseite goldbraun ist. Mit einem Pfannenwender wenden und noch 3–4 Minuten backen, bis die andere Seite ebenfalls goldbraun ist. Den Kaiserschmarren mithilfe von zwei Esslöffeln in grobe Stücke zerteilen und auf einen Teller geben. • Hitze hochschalten und 1 EL **Butter** in derselben heißen Pfanne erhitzen. 1 EL **Zucker** hineinstreuen. Den Kaiserschmarren wieder hinzugeben, gut durchschwenken und karamellisieren. Dann etwas an den Rand schieben, in die Mitte den **Rum** geben und den aufsteigenden Alkohol mit dem Flambierbrenner vorsichtig entzünden. • Den geflämmten Kaiserschmarren leicht mit **Puderzucker** bestäuben und mit dem Mandelkrokant bestreuen. Am besten gleich aus der Pfanne servieren.

**TIPP** Dazu passt Apfelmus.



vegetarisch

# APPLE CRUMBLE

## mit Eierlikörcreme

2 PERSONEN

25 MINUTEN

plus Abkühlzeit, mind. 15 Minuten Kühlzeit und ca. 30 Minuten Backzeit

**EIERLIKÖRCREME**

125 ml Milch (3,7 % Fett)
10 g Vanillepuddingpulver
75 g Sahne
2 EL Eierlikör

**APPLE CRUMBLE**

2 große Boskop-Äpfel (oder andere süßsäuerliche Äpfel)
Saft von ½ Zitrone
1 Vanillestange
3 Msp. gemahlener Zimt
4 EL Apfelmus aus dem Glas
15 g Marzipanrohmasse
Puderzucker

AUS DEM VORRAT

85 g Zucker
115 g Butter
150 g Weizenmehl Type 405 oder 550

Für die Eierlikörcreme 2–3 EL **Milch** in eine Tasse geben, 5 g **Zucker** (1 TL) und **Vanillepuddingpulver** hinzufügen und glatt rühren. Restliche **Milch** in einem Topf aufkochen, das angerührte Puddingpulver hinzugeben und unter Rühren aufkochen, bis die Masse andickt. In eine Schüssel füllen, abkühlen lassen, dann mindestens 15 Minuten im Kühlschrank kalt stellen. • Den Backofen auf 180 °C Ober-/Unterhitze vorheizen. • Für den Apple Crumble die **Äpfel** schälen, vierteln, entkernen, in Würfel schneiden und in eine Schüssel geben. 5 g **Zucker** (1 TL) und **Zitronensaft** hinzugeben und vermengen. **Vanillestange** längs aufschneiden, das Mark herauskratzen und zu den Äpfeln geben. 2 Msp. **Zimt** und **Apfelmus** hinzufügen. **Marzipan** darüberreiben und alles vermischen. • **Butter** in einem kleinen Topf zerlassen. Eine nicht zu große Auflaufform mit 1 EL flüssiger Butter auspinseln, Apfelmischung einfüllen und mit 1 EL flüssiger Butter beträufeln. • **Mehl,** 75 g **Zucker** und 1 Msp. **Zimt** in einer Schüssel vermischen. Die restliche flüssige Butter (95 g) darübergeben und mit einem Löffel gut vermengen. Die Mischung mit den Fingern über die Äpfel bröseln und im vorgeheizten Ofen auf der mittleren Schiene etwa 30 Minuten goldbraun backen. • Herausnehmen und den Apple Crumble einige Minuten abkühlen lassen. • Währenddessen den kalten Pudding mit einem Schneebesen cremig aufschlagen. Die **Sahne** steif schlagen unterheben. **Eierlikör** darüberträufeln und mit einem Löffel grob vermischen. • Den Apple Crumble mit einem Hauch **Puderzucker** bestäuben und lauwarm aus der Form servieren. Dazu die Eierlikörcreme reichen.

vegetarisch

# SCHOKOLADEN-CRÊPES
## mit Honig-Eis-Sauce

2 PERSONEN

25 MINUTEN

**SCHOKOLADEN-CRÊPES**
1 TL Kakaopulver
200 ml Milch (3,7 % Fett)
2 Bioeier
50 g Bitterschokolade (mind. 70 % Kakaoanteil)

**HONIG-EIS-SAUCE**
4 Kugeln Vanilleeiscreme
2 EL flüssiger Honig
1 EL Crème fraîche

**ZUM SERVIEREN**
einige frische Himbeeren (nach Belieben)
Puderzucker

AUS DEM VORRAT
60 g Butter
125 g Weizenmehl Type 405
1 TL Zucker
1 Prise Salz

Den Backofen auf 80 °C Ober-/Unterhitze vorheizen. • Für die Schokoladen-Crêpes die **Butter** in einem kleinen Topf zerlassen. **Mehl** und **Kakaopulver** in einer Schüssel vermischen und die **Milch** mit einem Schneebesen einrühren. 40 g flüssige Butter, **Eier, Zucker** und **Salz** kräftig unterrühren. **Schokolade** in eine andere Schüssel fein reiben. • Eine Pfanne mit wenig flüssiger Butter auspinseln, etwas Teig in der Pfanne dünn verteilen, anziehen lassen, wenden und kurz backen. Auf ein Backblech geben, Crêpe sofort mit etwas geriebener Schokolade bestreuen, zu einem Dreieck zusammenfalten und im vorgeheizten Ofen warm halten. Auf die gleiche Weise nacheinander vier bis sechs Crêpes backen. • Für die Honig-Eis-Sauce **Vanilleeis, Honig** und **Crème fraîche** in einen Mixbecher geben, mit dem Stabmixer kurz mixen und in zwei Schälchen füllen. • Zum Servieren nach Belieben **Himbeeren** waschen und trocken tupfen. Schokoladen-Crêpes auf zwei Tellern anrichten, leicht mit **Puderzucker** bestäuben und mit Himbeeren garnieren. Dazu die Honig-Eis-Sauce servieren.



vegetarisch

# CHOCOLAT-TARTE MIT
## Cointreau-Sahne

4 PERSONEN

25 MINUTEN
plus ca. 30 Minuten Backzeit und Abkühlzeit

**TARTE**
1 Bioeigelb
200 g Bitterschokolade (mind. 70 % Kakaoanteil)
100 g Milchschokolade
60 g Sahne
40 g flüssiger Honig
½ TL Vanillepuddingpulver (oder Speisestärke)
1 Bioei

**COINTREAU-SAHNE**
100 g Sahne
1 TL Puderzucker
½ TL fein abgeriebene Bioorangenschale
2–3 EL Cointreau (Orangenlikör)

**AUSSERDEM**
Springform (Ø 20 cm)

AUS DEM VORRAT
100 g Weizenmehl Type 405 oder 550 plus etwas zum Bestäuben
35 g Zucker
80 g kalte Butter
1 Prise Salz

Den Backofen auf 175 °C Ober-/Unterhitze vorheizen. Den Boden der Springform mit Backpapier auslegen. • Für die Tarte **Mehl, Zucker,** 50 g kalte **Butter, Salz** und **Eigelb** in eine Schüssel geben und zu einem glatten Teig verkneten. Dann auf der leicht **bemehlten** Arbeitsfläche zu einem etwa 24 cm großen Kreis ausrollen und in die vorbereitete Springform legen, dabei einen kleinen Rand formen. Den Boden mit einer Gabel mehrmals einstechen und im vorgeheizten Ofen auf der mittleren Schiene 15 Minuten backen. • Inzwischen beide **Schokoladensorten** klein hacken. Dann **Sahne, Honig** und **Vanillepuddingpulver** in einen Topf geben, kalt verrühren und unter Rühren aufkochen. Die Herdplatte ausschalten, 30 g **Butter** und **Schokolade** hinzugeben und unter Rühren auflösen. Vom Herd nehmen und das **Ei** zügig unterrühren. • Die Springform herausnehmen und den Backofen auf 100 °C regeln. Die Schokoladenfüllung auf dem vorgebackenen Teigboden verteilen, wieder in den Ofen geben und etwa 30 Minuten stocken lassen. • Herausnehmen, die Chocolat-Tarte in der Form auskühlen lassen und erst dann aus der Form lösen. • Für die Cointreau-Sahne die **Sahne** steif schlagen. **Puderzucker** unterrühren, mit **Orangenschale** verfeinern und den **Cointreau** unterziehen. • Die Chocolat-Tarte in Stücke schneiden und mit einem Klecks Cointreau-Sahne servieren.

vegetarisch

## HAPPY-BERRY-SMOOTHIE

2 PERSONEN 5 MINUTEN

1 Banane
125 g TK-Blaubeeren
200 ml Milch (3,7 % Fett)
100 g Skyr Natur oder griechischer Joghurt Natur (0,2 % Fett)
1 EL flüssiger Honig
1 Prise gemahlener Zimt

**Banane** schälen, in Scheiben schneiden und in den Standmixer füllen. Gefrorene **Blaubeeren, Milch** und **Skyr** hinzugeben und fein mixen. Mit **Honig** abschmecken und noch mal gut durchmixen. (Alternativ einen leistungsstarken Stabmixer verwenden.) • Den Smoothie in zwei Gläser füllen und mit **Zimt** bestäuben.

vegetarisch, glutenfrei, frei von raffiniertem Zucker

## PRETTY-PINK-SMOOTHIE

2 PERSONEN 5 MINUTEN

125 g gefrorene oder frische Himbeeren
125 g Wassermelonenfruchtfleisch
½ rote Chili
Saft von 1 Limette
1 EL Granatapfel-, Himbeer- oder Cassissirup
250 ml Kokosmilch (am besten gekühlt)

Frische **Himbeeren** waschen und abtropfen lassen, TK-Himbeeren gefroren verwenden. **Wassermelone** grob würfeln. **Chili** entkernen, waschen, fein hacken und mit Himbeeren und Melone in den Standmixer füllen. **Limettensaft** und **Sirup** dazugeben und fein pürieren. **Kokosnussmilch** hinzufügen und noch mal gut durchmixen. (Alternativ einen leistungsstarken Stabmixer verwenden.) • Den Smoothie in zwei Gläser füllen und genießen.

vegan, laktosefrei, glutenfrei

## GREEN-POWER-SMOOTHIE

2 PERSONEN 5 MINUTEN

1 Handvoll Babyspinat oder junger Spinat (ca. 50 g)
½ Salatgurke
1 Stange Staudensellerie
4–5 frische Minzeblätter
250 ml Apfelsaft
Saft von 1 Limette (oder Saft von ½ Zitrone)
¼ TL Wasabipaste

AUS DEM VORRAT
1 TL Raps- oder Sonnenblumenöl

**Spinat** waschen und abtropfen lassen. **Gurke** schälen und grob würfeln. **Staudensellerie** waschen, die Fäden abziehen und in Stücke schneiden. **Minzeblätter** waschen. • Alles in den Standmixer füllen, **Apfelsaft, Limettensaft, Wasabipaste** und **Rapsöl** dazugeben und sehr fein pürieren. (Alternativ einen leistungsstarken Stabmixer verwenden.) • Den Smoothie in zwei Gläser füllen und genießen.

vegan, laktosefrei, frei von raffiniertem Zucker

Happy-Berry-Smoothie

Pretty-Pink-Smoothie

Green-Power-Smoothie

In-Love-Smoothie
Coconut-Dream-Smoothie
Sunny-Day-Smoothie

## IN-LOVE-SMOOTHIE

2 PERSONEN 5 MINUTEN

5–6 gefrorene oder frische Erdbeeren
120 ml Granatapfelsaft
150 g Joghurt Natur (3,5 % Fett)
300 ml Milch (3,7 % Fett)
7–8 Eiswürfel
1–2 EL flüssiger Honig

**ZUM GARNIEREN**

2 EL Joghurt Natur (3,5 % Fett)
2 EL Granatapfelkerne

Frische **Erdbeeren** waschen, entstielen und abtropfen lassen, TK-Erdbeeren gefroren verwenden. Erdbeeren, **Granatapfelsaft, Joghurt** und **Milch** in den Standmixer füllen. **Eiswürfel** grob zerstoßen, hinzugeben und gut durchmixen. Mit **Honig** süßen und noch mal mixen. (Alternativ einen leistungsstarken Stabmixer verwenden.) • Den Smoothie in zwei Gläser füllen, mit **Joghurt** und **Granatapfelkernen** garnieren.

vegetarisch, glutenfrei, frei von raffiniertem Zucker

## COCONUT-DREAM-SMOOTHIE

2 PERSONEN 5 MINUTEN

100 ml Kokosmilch
80 g gefrorene oder frische Mangowürfel
40 ml Passionsfruchtsaft
150 g Joghurt Natur (3,5 % Fett)
80 ml Mandelmilch (alternativ Milch, 3,7 % Fett)
40 ml Holunderblütensirup
5–6 Eiswürfel (alternativ etwas eiskaltes Wasser)

**ZUM GARNIEREN**

2 EL getrocknete Kokoschips oder Kokosraspel

**Kokosnussmilch, Mangowürfel, Passionsfruchtsaft, Joghurt, Mandelmilch** und **Holunderblütensirup** in den Standmixer füllen. **Eiswürfel** grob zerstoßen, hinzugeben und gut durchmixen. (Alternativ einen leistungsstarken Stabmixer verwenden.) • Den Smoothie in zwei Gläser füllen und mit **Kokoschips** toppen.

vegetarisch, glutenfrei, frei von raffiniertem Zucker

## SUNNY-DAY-SMOOTHIE

2 PERSONEN 6–7 MINUTEN

¼ reife Ananas
1 Apfel
1 daumengroßes Stück Ingwer
250 ml Orangensaft (am besten gekühlt)
Saft von 1 Zitrone
½ TL gemahlene Kurkuma

**ZUM GARNIEREN**

2 kleine Spalten frische Ananas

AUS DEM VORRAT

1 TL Sonnenblumenöl

**Ananas** schälen, den Strunk herausschneiden und das Fruchtfleisch würfeln. **Apfel** waschen, vierteln, entkernen und in Scheiben schneiden. **Ingwer** schälen und fein reiben. • Alles in den Standmixer füllen, **Orangensaft, Zitronensaft, Kurkuma** und **Sonnenblumenöl** hinzufügen und fein mixen. (Alternativ einen leistungsstarken Stabmixer verwenden.) • Den Smoothie in zwei Gläser füllen und jeweils mit einer **Ananasspalte** garnieren.

vegan, laktosefrei, glutenfrei, frei von raffiniertem Zucker

# Rezept- und ZUTATENREGISTER

Du suchst ein ganz bestimmtes Gericht oder nach einer Zubereitungsidee für vorrätige Zutaten? Das Register hilft dir schnell weiter: Alle Rezepte aus diesem Buch und die wichtigsten Komponenten sind hier alphabetisch gelistet.

## REZEPTE MIT FISCH UND MEERESFRÜCHTEN



## REZEPTE MIT FLEISCH UND WURST

## VEGETARISCHE REZEPTE

**Christian Henze** kocht seit Jahren an der Spitze der Gastronomie. Feinschmecker- und ausgefallene Rezepte kann er, womit er sich in seinem Lebenslauf auch schon einen Michelin-Stern erarbeitet hat. Exzellentes Handwerk und gute Zutaten – diese Komponenten sind die Grundlage für seine Rezepte. Christian Henze liebt die Herausforderung, neue Gerichte für seine Gäste und das Publikum zu zaubern. Dass ihm das immer wieder gelingt, beweist er seit 2004 im MDR-Fernsehen einer großen Fangemeinde. Was ihn bei vielen Zuschauerinnen und Zuschauern so beliebt macht, sind seine Bodenständigkeit und Entdeckerfreude, um auch aus einfachen Zutaten Gerichte zu kochen, die nachvollziehbar sind und schmecken. „Man kann das Rad nicht neu erfinden", heißt es in vielen Küchen oft. Stimmt. Und stimmt dann doch wieder nicht. Denn neue Gewürze geben Zutaten oft eine überraschend neue kulinarische Richtung. Gemüse, Brot und Fleisch werden zu neuen, modernen Gerichten kombiniert. Und nicht zuletzt verwandelt eine andere Art der Zubereitung – zum Beispiel in einer Pfanne statt im Ofen – ein altbekanntes Essen in einen neuen Genuss. Wer sich die Rezepte von Christian Henze anschaut, wird schnell feststellen, dass sie in den Alltag passen. Mittags oder abends sind diese Gerichte unkompliziert und schnell zubereitet. Dabei bleibt er seinem Stil treu: klare und nachvollziehbare Schritte bei der Zubereitung und gute Produkte.

# DANKE AN DAS TEAM

Ich möchte allen danken, die an meinem Herzensprojekt beteiligt waren und mich tatkräftig unterstützt haben. Die Zusammenarbeit mit euch hat mir wieder richtig viel Spaß bereitet – DANKE!

Das Thema „Gönn dir was!" lag mir persönlich wirklich sehr am Herzen, denn man muss sich im Leben auch mal was gönnen, sich etwas Gutes tun, genießen und schlemmen.

Danke an meine Familie und allen voran an meine Frau Pia. Ihr habt mich auch dieses Mal wieder tatkräftig unterstützt und die Herausforderungen in der besonderen Zeit, in der die Rezepte entstehen, ertragen. Ich weiß, es ist nicht immer leicht. Nadja Scholder, meine persönliche Assistentin. Du arbeitest seit vielen Jahren mit mir täglich am Rande des Wahnsinns. Mit deinem Organisations- und Managementtalent hältst du mir den Rücken frei und hast in unserem Büro die Zügel fest im Griff. Das gibt mir täglich Raum und Zeit für noch mehr neue Ideen und Kreativität.

Hubertus Schüler, Food-Fotograf. Hinter der Kamera bist du ein echter Künstler. Dieses Mal haben wir zwei Tage gemeinsam gearbeitet und ich bin total begeistert. Du hast es wieder geschafft, meine Rezepte perfekt in Szene zu setzen. Die Food-Fotos sind wieder richtig toll geworden. Ein herzlicher Dank, dass du auch für dieses Buch wieder die Arbeit übernommen hast. Danke auch an Justyna Schwertner. Wir haben zum ersten

Mal persönlich zusammengearbeitet und ich bin vom Ergebnis begeistert. Vielen Dank für die tollen Fotos aus dem People-Shooting. Lena Vaßen, danke dir, dass du das Making-of im bewegten Bild festgehalten hast. Du hattest bei unserem Shooting die Videokamera immer im richtigen Moment „on" und den Finger auf dem Auslöser.

Danke, Irmi Rumberger. Du hast meine Rezeptideen und handschriftlichen Notizen auch dieses Mal wieder zu Papier gebracht und lesbare Rezepte geschaffen. Şebnem Yavuz, ich danke dir erneut für die hervorragende Lektoratsarbeit. Deine fachliche Kompetenz bei der Prüfung der Rezepte macht die Zusammenarbeit mit dir sehr angenehm und unkompliziert.

Ein ganz besonderer Dank geht an das Team vom Becker Joest Volk Verlag, allen voran Ralf Joest und Johanna Hänichen. Ich danke euch für euer langjähriges Vertrauen! Danke für die kreative und unermüdliche Zusammenarbeit mit Anne Krause für das Layout und Claudia Braun für das Projektmanagement.

Zum Schluss möchte ich noch meinem Team, meiner Familie und allen Freunden, die auch dieses Mal meine Rezepte auf Herz und Nieren getestet und Probe gekocht haben, DANKE sagen. Danke für eure Unterstützung, das Feedback und eure konstruktive Kritik.

# CHRISTIANS BLITZ-REZEPTE ALS VIDEOS

Du hast Lust auf noch mehr Genuss mit den Feierabend-Blitzrezepten?

Dann schau rein! Es lohnt sich. Regelmäßig gibt es auf den Social-Media-Kanälen von Christian Henze neue Blitzrezept-Videos.

INSTAGRAM

FACEBOOK

YOUTUBE

TIKTOK

Alle Bücher persönlich signiert von Christian Henze und weitere Produkte findest du direkt im Shop.

# Bisher erschienene Bücher von Christian Henze beim Becker Joest Volk Verlag

Auch als E-Book erhältlich

---

**Feierabend-Blitzrezepte** Wenig Aufwand, viel Genuss
ISBN 978-3-95453-162-2, 28,00 EUR (D), 28,80 EUR (A)

**Feierabend-Blitzrezepte Express**
Maximal 15 Minuten mit nur 5 Zutaten
ISBN 978-3-95453-227-8, 28,00 EUR (D), 28,80 EUR (A)

**Feierabend-Blitzrezepte veggie**
Meine besten vegetarischen Rezepte, schnell und easy zubereitet
ISBN 978-3-95453-264-3, 32,00 EUR (D), 32,90 EUR (A)

**Pur – Gemüse** 30 Gemüsesorten – die besten Zubereitungsarten in 80 Rezepten für köstlich einfache Gerichte
ISBN 978-3-95453-238-4, 34,00 EUR (D), 35,00 EUR (A)

**Schlank geht auch anders** Ganz entspannt zur Wunschfigur
ISBN 978-3-95453-188-2, 26,00 EUR (D), 26,80 EUR (A)

**Einfach in die Pfanne!** Einfach köstlich
ISBN 978-3-95453-293-3, 30,00 EUR (D), 30,90 EUR (A)

**Verlagsdank** Lieber Christian, die Idee, das ehemalige Jugendwort des Jahres als Thema für ein Kochbuch zu wählen, ist wirklich ungewöhnlich, aber total cool. Mit „Gönn dir was!" hast du eine Sammlung kreativer, spannender und megaköstlicher Rezepte zusammengestellt, die einfach eine Menge Spaß machen. Du schaffst es immer wieder, den ohnehin schon leckeren Rezepten noch eins draufzusetzen. Vielen Dank für diese wunderbaren Rezepte! Hubertus Schüler und Stefan Mungenast, danke für die herrlich leckeren Fotografien der Gerichte. Herzlichen Dank an Jens Trocha vom MDR sowie Katrin Wetzel von der Bavaria Media GmbH für dieses gemeinsame Projekt. Justyna Schwertner, vielen herzlichen Dank für das Coverfoto und die schönen Porträts. Ein besonderer Dank geht an Nadja Scholder für die großartige Unterstützung in jeder Phase des Projekts. Vielen Dank an Şebnem Yavuz für das Rezeptlektorat und Doreen Köstler, herzlichen Dank für das Schlusslektorat. Der Verlag dankt des Weiteren allen, die zum Gelingen dieses Buches beigetragen haben. Anne Krause, Claudia Braun, Markus Neis, Lena Vaßen, Annika Steinacker und Katerina Stegemann, danke für eure unermüdlichen Bemühungen um die außerordentliche Qualität.

# IMPRESSUM

Originalausgabe
Becker Joest Volk Verlag GmbH & Co. KG
Bahnhofsallee 5, 40721 Hilden, Deutschland
© 2024 – alle Rechte vorbehalten
1. Auflage Juli 2024

ISBN 978-3-95453-332-9

Autor: Christian Henze
Food-Fotografie: Hubertus Schüler
Foodstyling: Stefan Mungenast
Projektleitung: Claudia Braun
Leitung Grafik, Porträts: Dipl.-Des. Justyna Schwertner
Covergestaltung, Layout und Buchsatz:
Dipl.-Des. Anne Krause
Bildbearbeitung: Dipl.-Des. Markus Neis
Fachlektorat Rezepte: Şebnem Yavuz
Lektorat: Doreen Köstler
Druck: Firmengruppe Appl, aprinta druck GmbH

BECKER
JOEST
VOLK
VERLAG
www.bjvv.de

mdr
www.mdr.de

Die Verwertung der urheberrechtlich geschützten Inhalte dieses Werkes für Zwecke des Text- und Data-Minings nach § 44 b UrhG behält der Verlag sich ausdrücklich vor. Jegliche unbefugte Nutzung wird hiermit untersagt.

© 2024 Mitteldeutscher Rundfunk (MDR) – alle Rechte vorbehalten
Licensed by BAVARIA MEDIA LICENSING, www.bavaria-media.de

**Gönn dir was! Teile deinen Genussmoment mit uns!**
@christianhenze @bjvv #gönndirwas

## DER EINKAUFS- UND ERNÄHRUNGSASSISTENT FÜR UNSERE KOCHBÜCHER

**Abschreiben oder Abfotografieren war gestern**
Rezepte aus unseren Kochbüchern lassen sich kostenlos auf www.mengenrechner.de an die Personenzahl und individuelle Portionsgrößen anpassen und als E-Mail auf dein Smartphone schicken oder gleich dort aufrufen. Zutaten lassen sich streichen, neue Zutaten ergänzen.

**Rezept- und Zutatenfilter** Suche zum Beispiel nach veganen, vegetarischen, glutenfreien, laktosefreien oder nach Rezepten mit Zutaten, die du noch vorrätig hast. Speichere Lieblingsrezepte und Einkaufslisten.

**Persönlicher Ernährungsassistent** Sortiere Rezepte nach Kalorien, Kohlenhydraten, Fett- oder Eiweißgehalt. Berechne wissenschaftlich fundiert deinen täglichen Kalorienbedarf und -verbrauch. Lege Maximalwerte für Kalorien- oder Kohlenhydrataufnahme fest. Führe Tagesprotokolle mit Nährwertbilanz.